AF630244

Carl-Auer

Die Reihe »Beratung, Coaching, Supervision«

Die Bücher der petrolfarbenen Reihe *Beratung, Coaching, Supervision* haben etwas gemeinsam: Sie beschreiben das weite Feld des »Counselling«. Sie fokussieren zwar unterschiedliche Kontexte – lebensweltliche wie arbeitsweltliche –, deren Trennung uns aber z. B. bei dem Begriff »Work-Life-Balance« schon irritieren muss. Es gibt gemeinsame Haltungen, Prinzipien und Grundlagen, Theorien und Modelle, ähnliche Interventionen und Methoden – und eben unterschiedliche Kontexte, Aufträge und Ziele. Der Sinn dieser Reihe besteht darin, innovative bis irritierende Schriften zu veröffentlichen: neue oder vertiefende Modelle von – teils internationalen – erfahrenen Autoren, aber auch von Erstautoren.

In den Kontexten von Beratung, Coaching und auch Supervision hat sich der systemische Ansatz inzwischen durchgesetzt. Drei Viertel der Weiterbildungen haben eine systemische Orientierung. Zum Dogma darf der Ansatz nicht werden. Die Reihe verfolgt deshalb eine systemisch-integrative Profilierung von Beratung, Coaching und Supervision: Humanistische Grundhaltungen (z. B. eine klare Werte-, Gefühls- und Beziehungsorientierung), analytisch-tiefenpsychologisches Verstehen (das z. B. der Bedeutung unserer Kindheit sowie der Bewusstheit von Übertragungen und Gegenübertragungen im Hier und Jetzt Rechnung trägt) wie auch die »dritte Welle« des verhaltenstherapeutischen Konzeptes (mit Stichworten wie Achtsamkeit, Akzeptanz, Metakognition und Schemata) sollen in den systemischen Ansatz integriert werden.

Wenn Counselling in der Gesellschaft etabliert werden soll, bedarf es dreierlei: der Emanzipierung von Therapie(-Schulen), der Beschreibung von konkreten Kompetenzen der Profession und der Erarbeitung von Qualitätsstandards. Psychosoziale Beratung muss in das Gesundheits- und Bildungssystem integriert werden. Vom Arbeitgeber finanziertes Coaching muss ebenso wie Team- und Fallsupervisionen zum Arbeitnehmerrecht werden (wie Urlaub und Krankengeld). Das ist die Vision – und die politische Seite dieser Reihe.

Wie Counselling die Zufriedenheit vergrößern kann, das steht in diesen Büchern; das heißt, die Bücher werden praxistauglich und praxisrelevant sein. Im Sinne der systemischen Grundhaltung des Nicht-Wissens bzw. des Nicht-Besserwissens sind sie nur zum Teil »Beratungsratgeber«. Sie sind hilfreich für die Selbstreflexion, und sie helfen Beratern, Coachs und Supervisoren dabei, hilfreich zu sein. Und nicht zuletzt laden sie alle *Counsellors* zum Dialog und zum Experimentieren ein.

Dr. Dirk Rohr
Herausgeber der Reihe »Beratung, Coaching, Supervision«

Klaus Antons

Supervision mit größeren Gruppen und Teams

Unter Mitarbeit von
Almut Aeppli, Patricia Kramer,
Sabine Kvapil, Dagmar Lampart
und Margot Ruprecht

2022

Mitglieder des wissenschaftlichen Beirats des Carl-Auer Verlags:

Prof. Dr. Rolf Arnold (Kaiserslautern)
Prof. Dr. Dirk Baecker (Witten/Herdecke)
Prof. Dr. Ulrich Clement (Heidelberg)
Prof. Dr. Jörg Fengler (Köln)
Dr. Barbara Heitger (Wien)
Prof. Dr. Johannes Herwig-Lempp (Merseburg)
Prof. Dr. Bruno Hildenbrand (Jena)
Prof. Dr. Karl L. Holtz (Heidelberg)
Prof. Dr. Heiko Kleve (Witten/Herdecke)
Dr. Roswita Königswieser (Wien)
Prof. Dr. Jürgen Kriz (Osnabrück)
Prof. Dr. Friedebert Kröger (Heidelberg)
Tom Levold (Köln)
Dr. Kurt Ludewig (Münster)
Dr. Burkhard Peter (München)
Prof. Dr. Bernhard Pörksen (Tübingen)
Prof. Dr. Kersten Reich (Köln)
Dr. Rüdiger Retzlaff (Heidelberg)
Prof. Dr. Wolf Ritscher (Esslingen)
Dr. Wilhelm Rotthaus (Bergheim bei Köln)
Prof. Dr. Arist von Schlippe (Witten/Herdecke)
Dr. Gunther Schmidt (Heidelberg)
Prof. Dr. Siegfried J. Schmidt (Münster)
Jakob R. Schneider (München)
Prof. Dr. Jochen Schweitzer (Heidelberg)
Prof. Dr. Fritz B. Simon (Berlin)
Dr. Therese Steiner (Embrach)
Prof. Dr. Dr. Helm Stierlin † (Heidelberg)
Karsten Trebesch (Berlin)
Bernhard Trenkle (Rottweil)
Prof. Dr. Sigrid Tschöpe-Scheffler (Köln)
Prof. Dr. Reinhard Voß (Koblenz)
Dr. Gunthard Weber (Wiesloch)
Prof. Dr. Rudolf Wimmer (Wien)
Prof. Dr. Michael Wirsching (Freiburg)
Prof. Dr. Jan V. Wirth (Meerbusch)

Themenreihe »Beratung, Coaching, Supervision«
hrsg. von Dirk Rohr
Reihengestaltung: Uwe Göbel
Umschlaggestaltung: B. Charlotte Ulrich
Umschlagmotiv: © Curioso_Photography/pixabay
Redaktion: Uli Wetz
Satz: Drißner-Design u. DTP, Meßstetten
Printed in Germany
Druck und Bindung: CPI books GmbH, Leck

MIX
Papier | Fördert gute Waldnutzung
FSC® C083411
FSC www.fsc.org

CPI klimaneutral
Mehr Bäume.Weniger CO_2

Erste Auflage, 2022
ISBN 978-3-8497-0446-9 (Printausgabe)
ISBN 978-3-8497-8398-3 (ePUB)
© 2022 Carl-Auer-Systeme Verlag
und Verlagsbuchhandlung GmbH, Heidelberg
Alle Rechte vorbehalten

Bibliografische Information der Deutschen Nationalbibliothek:
Die Deutsche Nationalbibliothek verzeichnet diese Publikation
in der Deutschen Nationalbibliografie; detaillierte bibliografische
Daten sind im Internet über http://dnb.d-nb.de abrufbar.

Informationen zu unserem gesamten Programm, unseren Autoren
und zum Verlag finden Sie unter: **https://www.carl-auer.de/**
Dort können Sie auch unseren Newsletter abonnieren.

Carl-Auer Verlag GmbH
Vangerowstraße 14 • 69115 Heidelberg
Tel. +49 6221 6438-0 • Fax +49 6221 6438-22
info@carl-auer.de

Inhalt

*Meinem Freund René Ullmann gewidmet.
Ich habe viele Jahre der beruflichen Zusammenarbeit
mit ihm genossen und hätte gerne noch
viele Bergtouren mit ihm gemacht.
Er starb in der Zeit, als ich dieses Buch
zu Ende schrieb, am 30. März 2021.*

Einleitung

»Da sagt man doch nicht Nein!« – Eine reale Situation, die zu diesem Buch führte

»Wie groß soll eine Supervisionsgruppe sein, und welchen realen Einfluss habe ich als Supervisorin auf ihre Größe? Auf den ersten Blick scheinen diese Fragen schnell beantwortet: Gemäß der derzeitigen Fachliteratur sollte eine Supervisionsgruppe zwischen fünf und zehn Personen umfassen.

Stelle ich mir dieses Ideal vor, schwelge ich in Utopien. Diese Gruppengröße würde es mir erlauben, alle Supervisanden gleichsam im Blick zu haben; ich traue mir zu, die entstehenden Dynamiken dabei wahr- und anzunehmen und sie in den Supervisionsprozess nützlich zu integrieren. Aufseiten der Supervisanden ist anzunehmen, dass sie ihre Individualität beibehalten können und keine Angst vor Äußerungen und Exponierungen haben müssen, zumal sie sich untereinander rasch kennenlernen dürften. Ich bemühe mich, an diesem Bild festzuhalten, in meiner Erfahrungsrealiät finde ich jedoch leider kaum eine dementsprechende Gruppe.

Teams aus Institutionen mit Schichtbetrieb können schnell aus 15 oder mehr Personen bestehen. Sie sind dann natürlich nicht immer vollzählig anwesend. Gruppendynamisch hat dennoch jedes Teammitglied, ob präsent oder nicht, Einfluss auf die Gruppe. Auch der Einfluss der Fluktuation der Teilnehmenden sollte nicht außer Acht gelassen werden. Beispielsweise kann die Abwesenheit eines langjährigen Teammitglieds zur Verunsicherung bzw. zur Destabilisierung der Gruppe führen, da plötzlich Raum entsteht, bestehende Leitwerte und Regeln infrage gestellt werden. Eine Mehrheit von neueren Teammitgliedern kann zur Suche nach neuen gemeinsamen Verhaltensnormen führen. Grundsätzlich kann es in solchen Teams schnell dazu kommen, dass die maximale Gruppengröße von etwa zehn Personen überschritten wird. Was dann? Absagen? Einzelne wie in einem elitären Club abweisen? Woher bekomme ich auf die Schnelle einen zweiten Supervisor, der mich unterstützen könnte? Warum sollte überhaupt ein derartiger Auftrag angenommen werden?

Geht es dagegen um Gruppensupervision, kann eine maximale Teilnehmerzahl festgelegt und durchgesetzt werden. Sollte es Anfragen geben bezüglich einer neuen Teilnehmerin, können sie abgewiesen werden. Folgen dieses Vorgehens auf die bestehende Gruppe dürfen dabei natürlich nicht außer Acht gelassen werden.

Handelt es sich um ein Team, wird es komplexer. Im Sinne von ›Was zusammengehört, soll nicht getrennt werden‹ kann ich als Supervisorin schlecht eine Trennung einfordern. Möglich erscheint mir dies, wenn es hinsichtlich der Berufsgruppen oder ähnlicher harter Daten inhaltsbezogen sinnvoll erscheint. Nehmen wir an, es geht um ein rein pädagogisches Team mit 17 Mitarbeitenden. Wenn da alle Supervisoren absagen, scheint mir dem Berufsethos nicht Genüge getan zu sein. Der Supervisionsbedarf ist da.

Für mich führten solche Erfahrungen zum Fokuswechsel: weg von der Suche nach Begrenzung, hin zu methodischen Überlegungen. Die Arbeit mit Großgruppen ist keineswegs Neuland für Supervisoren und Organisationsberaterinnen. Bei über zehn bis etwa 20 Teilnehmenden ist hier aber wohl eher von einer *großen Kleingruppe* oder einer *kleinen Großgruppe* zu sprechen. Warum sollte man also nicht die Großgruppenmethoden auf diese großen Kleingruppen sinnvoll übertragen?« [P. K.]

Mit solchen Fragen kam meine ehemalige Lehrsupervisandin Patricia Kramer immer wieder in unsere Lehrsupervisionssitzungen und meinte irgendwann: »Darüber sollten Sie ein Buch schreiben!« Ich konterte: »Wenn dazu ein Buch, dann sollten wir das miteinander schreiben.« – Das war der Impuls, dessen Ergebnis Sie nun in Händen halten.

Aussagen zur Größe von Supervisionsgruppen in der Literatur

Die Grundfrage dieses Buches ist also: Wie groß darf eine Gruppe oder ein Team sein, damit sinnvolle supervisorische Arbeit möglich ist? Der Versuch, sich über Gruppengrößen für die Supervision an der Literatur zu orientieren, ist nicht sonderlich erfolgreich. Es werden zwar Zahlen genannt – aber fachlich nur mäßig plausibel begründet. So hält sich Lippmann (2004, S. 30) an die bekannten, tradierten oder auch kolportierten Größenangaben:

»Für Kleingruppen wird oft die Zahl zwischen drei und etwa zwölf angegeben, die kritische Obergrenze zumeist mit 20–25 Personen. In Organisationen können aber je nach Aufgabe und Zweck durchaus auch größere Gruppen sinnvoll sein ... Das Arbeiten an der Aufgabe kann aber

> kaum mehr in gegenseitiger Verbundenheit erfolgen, wenn die Gruppe eine kritische Schwelle (ca. 20–25 Personen) überschreitet. Je nachdem bietet sich dann eine Trennung in Subgruppen an, was jedoch die Entwicklung eines Wir-Gefühls in der Gesamtgruppe erschweren kann.
>
> Die ideale Größe von Problemlösegruppen liegt bei etwa fünf bis zehn Personen. Bei dieser Größe sind die Kommunikationsdichte und der Austausch in der Regel optimal.
>
> Wahren (1994, S. 131) zitiert Untersuchungen, aus denen sich schließen lässt, dass bei steigender Gruppengröße (ab vier Personen) sich der Prozentsatz derjenigen Personen zunehmend erhöht, die Ideen haben, sie aber nicht äußern, ebenso derjenigen, die während einer Diskussion nie sprechen.«

Lippmann (2004, S. 51) bekräftigt das noch einmal dort, wo es um die Arbeitsfähigkeit von Intervisionsgruppen geht:

> »Die Idealgröße für eine Intervisionsgruppe liegt zwischen fünf und acht Mitgliedern. Dies gewährleistet einerseits eine Vielfalt der Persönlichkeiten und der damit verbundenen Ideen und Erfahrungen, andererseits auch genügend Zeitanteil für Anliegen und aktive Beteiligung jedes Einzelnen.«

Reddy (2016, S. 2) definiert die Kleingruppe als »eine Gruppe von vier bis ungefähr zwölf Mitgliedern, die ein gemeinsames Ziel haben«.

> »Es empfiehlt sich eine Gruppengröße von fünf bis zehn Teilnehmenden. Abweichungen nach oben oder unten sollten in ihren Auswirkungen besprochen werden«,

schreiben die Kollegen König und Schattenhofer (2017, S. 50).

Die Zwei-Pizza-Regel des Amazon-Gründers Jeff Bezos besagt, dass Arbeitsgruppen bzw. Teams nur so groß sein dürfen, dass sie mit zwei Pizzen satt werden. Je nach Hunger und Pizzagröße sind das vier bis sieben Personen (nach Krogerus u. Tschäppler 2021).

Das Allerneueste, ein ansonsten sehr umfassender Artikel von Nando Belardi über Teamsupervision im *socialNet-Lexikon* (verfügbar unter: www.socialnet.de/lexikon/teamsupervision [20.1.2022], macht sogar überhaupt keine Aussage zur Größe eines Teams.

Egal, wo man in der umfangreichen Supervisionsliteratur sucht: Fehlanzeige für *fachlich, d. h. psycho- und soziodynamisch begründete*

Aussagen über die sinnvolle Größe einer Supervisionsgruppe oder eines Teams. Lediglich Edding und Schattenhofer (2015a, S. 26) merken an, dass ab einer gewissen Größe der Übergang von direkter zu indirekter Kommunikation eine bedeutende Rolle spielt. Die Ausgangsfrage für dieses Buch hier ist also: Welches sind diese *großen Kleingruppen* oder *kleinen Großgruppen*, die wir als Supervisoren und Supervisorinnen in der Praxis antreffen – und wie können wir ihnen gerecht werden? – Die von Patricia Kramer vorgeschlagene Nomenklatur, von »großen Kleingruppen« zu sprechen, sei gerne übernommen. Es klingt weniger pejorativ als die Umkehrung von »kleine Großgruppe«.

Neben dem Faktor Gruppengröße spielen Zeit, Raum und Struktur eine Rolle, denen im weiteren Verlauf der Ausführungen Beachtung geschenkt werden wird – wie auch den inhaltlichen Bestimmungsmerkmalen von Supervision.

Adressaten und Ziele

Dieses Buch richtet sich in erster Linie an professionelle Supervisorinnen und Supervisoren, Coachs und Organisationsberaterinnen, denen es ähnlich geht wie Patricia Kramer und mir; vielleicht sogar speziell an jüngere Kolleginnen und Kollegen – aus dieser Alterskohorte kam schließlich der Impuls. Also Fachleute, die als auf dem Supervisionsmarkt Tätige nicht selten die oben umrissenen Anfragen erhalten – und, um mit Brechts Polly Peachum in ihrer letzten Strophe zu sprechen: »[…] da kann man doch nicht einfach Nein sagen« und »[…] ja, da kann man doch nicht kalt und herzlos sein«. Außerdem geht es um Aufträge, mit denen der Supervisor sein Geld verdient. Berechtigte und plausible Supervisionsanfragen abzulehnen, weil die Systemgröße zu hoch ist, ergibt keinen Sinn – eher zu fragen: Wie lässt sich Supervision unter professionellen Standards ermöglichen? Dazu gehört auch, prekäre Arbeitsverhältnisse zu hinterfragen (s. Kap. 3).

Außer den genannten Berufsgruppen dürfte der Text auch dienlich sein für andere, die mit »großen Kleingruppen« zu tun haben: Ausbilderinnen im Heil- und Pflegebereich, in kirchlichen Einrichtungen sowie für Erwachsenenbildner.

Ausgangspunkt der Fragestellung ist also ein Praxisproblem; Ziel des Buches ist es, Lösungsansätze aufzuzeigen und damit das, was zunächst als Problem erscheint, zur Methode zu entwickeln und einen

Anreiz zu setzen, sich große Kleingruppen zuzumuten und sogar Lust dazu zu bekommen. Ob man es gleich als neues Format und für Supervisanden kostengünstigeres, für Supervisoren einträglicheres Geschäftsmodell propagieren soll? Das merkte eine der Rezensentinnen des Manuskriptes humorvoll an.

Zum Aufbau des Buches

Der Aufbau des Buches ist auf den ersten Blick vielleicht nicht schlüssig nachzuvollziehen, deshalb sei hier die innere Logik aufgezeigt. Thema des Buches ist Supervision mit großen Kleingruppen – also meist großen Teams, aber auch Gruppen unter speziellen Rahmenbedingungen in einer Größe von zehn bis 20 Personen. In dieser Größenordnung zeigen Gruppen durchgängig Merkmale einer Großgruppendynamik. Deshalb sind die ersten beiden Kapitel ausschließlich Großgruppenphänomenen gewidmet; erst ab Kapitel 3 geht es um ihre Relevanz für Supervision mit großen Kleingruppen.

Kapitel 1 und 2 setzen sich mit den beiden großen Strömungen auseinander, die sich in Theorie und Praxis mit Großgruppenarbeit befasst haben. In Kapitel 1 wird das Verfahren beleuchtet, das sich am längsten mit der Dynamik großer Gruppen auseinandergesetzt hat: die Psychoanalyse mit ihren verschiedenen, in und mit großen Gruppen arbeitenden Richtungen. Mag auch einiges davon primär von wissenschaftshistorischem Interesse sein – mir ist wichtig, nicht das zu tun, was ich in Kapitel 2 einer systemischen Autorin als Kritik vorhalte: sich nicht mit den vielleicht unliebsamen Vorgängern zu befassen, die unserem heutigen Denken und Handeln zugrunde liegen. Außerdem wurde mir im Arbeitsprozess zunehmend wichtig, das, was ich seit den 70er-Jahren selbst erlebt und erfahren habe, besser zu verstehen und zu durchdringen.

Das Kapitel 2 setzt den Gegenakzent mit dem Fokus auf den in Sozialpsychologie, Feldtheorie, Gruppendynamik und Systemik entwickelten Methoden der Großgruppensteuerung, die heute den Markt bestimmen. Aus diesen beiden ersten Kapiteln ergeben sich zwei Grundmodelle der Arbeit mit großen Kleingruppen. Wer sich für diese wissenschaftshistorische Herleitung nicht interessiert, kann auch bei Kapitel 3 mit dem Lesen beginnen.

Erst ab hier wird es um Supervision gehen. Supervision wird zunächst verortet als Spezialform von Beratung und definitorisch umrissen. Die unterschiedlichen Formen von Supervision werden dargestellt und der Begriff der großen Kleingruppe näher beschrieben. Kapitel 4 fokussiert die im Bildungs-, Sozial- und Gesundheitswesen typischen Erscheinungsformen von Gruppen und Teams. Kapitel 5 schließlich eröffnet in kurz gefasster Form eine Reihe von methodischen Anregungen und Hilfestellungen für die praktische Arbeit.

Coronabedingt hat sich die Fertigstellung dieses Textes um mehr als ein Jahr nach hinten verschoben. Das beinhaltet neben Nachteilen den Vorzug, dass in diesen schwierigen Jahren 2020 und 2021 neue professionelle Erfahrungen mit Online-Supervision gemacht und ausgewertet werden konnten – soweit mir zugänglich, zwar nicht mit großen Teams und Gruppen, aber doch mit erhellenden Innovationen. Sie sind in Kapitel 6 eingebunden in eine Orientierung nach vorne.

Dank

Ein erster Dank geht an eine Regionalgruppe der DGSv, die mich bereits 2016 eingeladen hatte, einen Workshop über »Supervision in großen Teams (10 plus)« zu halten; das war der erste Impuls, mich mit der Thematik zu befassen.

Ein zweiter Dank geht an Alice Ricciardi-von Platen. Ich hatte das große Glück, von 1976 an über ein halbes Jahrzehnt mit ihr zusammenarbeiten zu dürfen und Großgruppen zu leiten. Ich bin ihr sehr verbunden für alles, was ich von und mit ihr über die Dynamik und Steuerung großer Gruppen lernen durfte.

Patricia Kramer sei ganz herzlich für den entscheidenden Impuls gedankt. Leider war es ihr aufgrund ihrer privaten Situation nicht möglich, bis zum Ende mitzuwirken. Aber sie hat mit ihren vielen klugen Fragen, mit ihren Textbeiträgen und mit ihrer intensiven Literaturrecherche wesentlich zum Zustandekommen und Gelingen dieses Werkes beigetragen.

Nach ihrem Ausscheiden habe ich Kolleginnen und Kollegen, u. a. aus meiner Intervisionsgruppe, befragt, welche Erfahrungen sie mit großen Supervisionsgruppen und Teams haben. Hier danke ich Almut Aeppli, Dagmar Lampart und Margot Ruprecht und last, but not least meiner Frau Sabine Kvapil für ihre inspirierenden Beiträge, die sie zur Verfügung stellten und die – wie die von Patricia Kramer – jeweils gekennzeichnet sind. Eszter Stréda und Thomas Vogl haben Wesentliches zum letzten Kapitel beigetragen. Heidi Ehrensperger,

Sabine Kvapil, Monika Stützle-Hebel, Oliver König und Karl Schattenhofer (Letztere gewissermaßen die Quotenmänner) sei für kritisches Gegenlesen und viele Anregungen gedankt, die ich gerne aufgenommen habe; Sandra Vogel für unschätzbare Hilfen beim Formatieren. Meine Tochter Karina Antons-Klug hat trotz ihrer hohen beruflichen Belastung vier Handskizzen beigesteuert. Bei so vielen mitwirkenden Frauen spare ich mir die branchenübliche Gender-Entschuldigung. Nicht zuletzt geht mein Dank an den Carl-Auer Verlag, bei dem ich mich zum wiederholten Male als Autor bestens und sehr persönlich betreut fühle.

Dieses Buch bewegt sich zwischen einem Autorenbuch und einem Herausgeberband. Die Stringenz eines Textes, der »aus einer Feder geflossen« ist, mag ihm fehlen. Dafür gewinnt er an Lebendigkeit und Farbigkeit.

Irgendwann wurde mir bewusst, dass ich in meiner ganzen publizistischen Tätigkeit zwar viel über Gruppen und Gruppendynamik geschrieben habe, bisher aber noch kein einziges Buch über das Feld, das seit 1974 meine zweite berufliche Identität ausmacht: Supervisor zu sein.

1 Psychoanalytische Großgruppentheorien

Was kann helfen, mit großen Kleingruppen supervisorisch zu arbeiten? Will man dieser Frage nachgehen, ist es dienlich, sich zu vergegenwärtigen, welche Theorien über die Arbeit mit Großgruppen und welche Praxen es überhaupt gibt. Denn große Kleingruppen partizipieren an der Großgruppendynamik ebenso wie an der Kleingruppendynamik. In diesem ersten Kapitel werden die ältesten Theoriebildungen fokussiert: die der Psychoanalyse.

1.1 Le Bon und Freud

Psychoanalytisches Denken über Großgruppen geht zurück auf den soziologischen Klassiker von Gustave le Bon, *Psychologie des foules* (1895, dt. 1912 etc.). Die Anzahl der Wiederauflagen macht deutlich, dass das Werk Aktualität besitzt. Le Bon postulierte als Erster, dass dort, wo sich Individuen in großer Zahl zusammenfinden, das Individuum seine Persönlichkeitseigenschaften und moralischen Werte der Masse unterwerfe, um Teil eines großen, amorphen Ganzen zu werden. Diese Verhaltensänderung, bestehend aus Reduzierung der Über-Ich-Funktionen und damit von Schuld und Angst, verdanke sich einem Gefühl von Macht und Stärke, das die Menge verleihe. Paradox an diesem Postulat sei, so Schneider und Weinberg (2003, p. 14), dass mit dem Gefühl von Macht und Stärke gleichzeitig die Macht und Verantwortlichkeit des Individuums sinke und es ein machtloses und anonymes Wesen in der Masse werde.

Wie sehr solche Zuschreibungen im Laufe der Zeit sich ändern, mag Abbildung 1 verdeutlichen. Was früher als blinder Herdentrieb wahrgenommen und abgewertet wurde, bekommt heute eine andere Bedeutung. Ein genaueres Hinschauen auf Tiere im Plural zeigt Formen kollektiver Intelligenz, die auch für uns Menschen von nachahmenswertem Interesse sind.

Ein Vierteljahrhundert später setzt sich Sigmund Freud in seinen kulturkritischen Schriften, insbesondere *Massenpsychologie und Ichanalyse* (1921) mit le Bon auseinander und reflektiert das Verhältnis von Masse und Gruppe. Bemerkenswert ist, dass dieses Werk im Englischen als *Group psychology and the analysis of the ego* übersetzt ist.

Masse und Gruppe haben im Englischen offenbar keine Äquivalente und werden bis heute durcheinandergeworfen – unsere großen Kleingruppen liegen jedenfalls zwischen Masse und Gruppe.

Abb. 1: Herdentrieb oder Schwarmintelligenz?

Wie auch in der Gruppendynamik verdankt sich die weitere Entwicklung von Theorie und Praxis der Großgruppe dem Exodus der kreativsten Geister aus Nazi-Deutschland und dem von dort ausgelösten Zweiten Weltkrieg: Die meisten der zu nennenden Autoren waren Juden. – Die englischen und amerikanischen Heerespsychiater wurden gegen Ende des Krieges derart von traumatisierten Soldaten überrollt, die sich per Krankheit von der Front und aus dem sinnlosen Morden verabschiedeten, dass sie gewissermaßen aus der Not heraus die Gruppenpsychotherapie erfanden.

1.2 Die Tavistock-Schule und ihre Definitionsversuche

Die Pioniere dieser Bewegung, Maxwell Jones (1953) und Tom Main (1946) experimentierten mit therapeutischen Gemeinschaften, bei denen das Moment der Großgruppe inhärent gegeben war. Der Erste, der für diese Arbeit theoretische Formulierungen lieferte, war Wilfred R. Bion (orig. 1961, dt. 1971), mit seinen *Erfahrungen in Gruppen,* die so etwas wie Vorreiter für nachfolgende Phasenmodelle in Gruppen wurden (kritisch dazu vgl. Antons, Ehrensperger u. Milesi 2019,

S. 352). Sein konzeptueller Gegenspieler wurde Sigmund H. Foulkes mit seinem Matrixkonzept; beide waren wesentliche Köpfe der mit A. K. Rice und Pat de Maré zusammen begründeten Tavistock-Schule, benannt nach der bekannten englischen psychiatrischen Klinik.

Schon bald entstand die Notwendigkeit, die Gruppen je nach ihrer Größe zu unterscheiden. Foulkes machte 1964 erste Differenzierungen, de Maré prägte 1972 den Begriff »the Larger Group«, anderenorts auch als »Median Group« bezeichnet. Damit entstand ein erster Rahmen, der zwischen Kleingruppe (ab fünf, optimal sieben bis zwölf Mitglieder), mittelgroßen Gruppen (zwölf bis 20, anderen Autoren zufolge 15 bis 30) und großen Gruppen (von 25 an bis zu mehreren 100) unterschied. Schneider und Weinberg (2003, p. 13) monieren, dass es dabei geblieben sei und bis heute eine klare theoretische, technische und praktische Exposition dessen fehle, was denn nun eine große Gruppe ausmache. Zum besseren Verständnis sei ein ideengeschichtlicher und wissenschaftshistorischer Exkurs eingefügt.

1.3 Gute Kleingruppe, böse Großgruppe: die kleinianische Tendenz zur Spaltung

1975 gab Lionel Kreeger einen bedeutenden Sammelband mit dem Titel *The large group – dynamics and therapy* (dt. 1977) heraus, der die Leitlinie für das nächste Vierteljahrhundert darstellte.

Dieser Band enthält eine Reihe wegweisender Beiträge, die durchweg auf der Erfahrungsbasis der Tavistock Conferences mit ihren minimal strukturierten Großgruppen entstanden sind. Die Autoren sprechen zwar von »unstrukturiert«, in Wirklichkeit steckt jedoch eine ganze Menge an Struktur dahinter, die für die Teilnehmenden allerdings zunächst nicht sichtbar wird. Die Beiträge sind durchzogen von dem Zwist, der zwischen den Nachfolgern von Bion und Foulkes entstand. Gerhard Wilke (in Schneider und Weinberg 2003, p. 86–97) beschreibt, dass es in ihrer Nachfolgegeneration der Gruppenanalytiker, zwischen Kreeger und de Maré, deutliche Flügelkämpfe gab, die mit unserer Thematik durchaus etwas zu tun haben: Es ging darum, ob die Kleingruppe die »gute« und benigne Form von Gruppe – mit einer Tendenz zu Integration und Beziehung – sei, die Großgruppe hingegen mit ihrem Hang zur Desintegration und Fragmentierung die »böse« Art von Gruppe. Wilke meint, die Kleingruppe sei nicht nur gut und heilend, sondern könne auch böse und destruktiv werden (vgl. Antons 2015). Und auch die Großgruppe sei zeitweise ein gutes und nährendes Objekt. Die Autoren des Sammelbandes hätten nicht die Bedeutung der psychologischen Methoden berücksichtigt, die benutzt würden in der Absicht, die soziale Ordnung herzustellen und aufrechtzuerhalten, die Spannung zwischen einem Gefühl von Selbst zu bewahren und gleichzeitig die vorhandene Interdependenz zu akzeptieren (Schneider u. Weinberg 2003, p. 91). Man möge in Zukunft sowohl Kreeger folgen in seiner Suche, bewusster mit der Pathologie der Großgruppe zu arbeiten, die ein Teil der unbewussten Interaktion in der Gesellschaft sei, als aber auch de Maré darin, dass Großgruppen dazu verhelfen können, demokratisches und gemeinschaftliches Verhalten in der Gesellschaft *(fellowship)* zu schulen.

> »Wenn dieses Tolerieren des Guten und des Bösen in der Objektbeziehung wiederholt verinnerlicht werden kann, dann kann die Großgruppe, wie die Gesellschaft selbst, Integrität halten und bekräftigen, und im selben Akt der Kommunikation und des Austausches den Geschmack von Fragmentierung bestätigen« (Schneider a. Weinberg 2003, p. 92; Übers.: K. A.).

Um diese vielleicht etwas kryptisch klingenden Sätze und den dahinter liegenden Dissens zu verstehen, sei das Buch von Kreeger anhand einer verdichteten Darstellung von Schneider und Weinberg (2003, p. 18–21) näher vorgestellt.

Die meisten der Autoren berufen sich in ihrer Theoriebildung auf die Arbeiten von Melanie Klein, deren wesentliche Unterscheidung die zwischen der paranoiden und der depressiven Position ist. Dem entsprechen die Formate Klein- und Großgruppe derart, dass die große Gruppe eindeutig die seelischen Zustände der paranoiden Position evoziert.

Der dynamische Prozess in einer Großgruppe sei insofern von einem in der Kleingruppe zu unterscheiden, als die Großgruppe sehr viele (psychogenetisch) frühe Gefühle von Angst auslöse. Das hänge vermutlich mit den fließenden Grenzen und der scheinbar chaotischen Struktur der großen Gruppe zusammen. Sie erweckten eine regredierte, primär ängstliche Stimmung mit Gefühlen von Fragmentierung, Desintegration und Realitätsverlust. Ängste vor Isolation, Zusammenbruch und Vernichtung tauchten auf. Es sei eine Eigenart der Großgruppe, dass es am Anfang schwer ist, die anderen überhaupt zu hören und zu verstehen. Auch die anderen Sinne seien gestört und Gedankenprozesse blockiert.

Abb. 2: Doris Lerche, »Selbsterfahrungsgruppe«; »Ich fühle mich so einsam«

Das Alleinsein in der Menge verbinde sich mit dem Fehlen zwischenmenschlicher Beziehungen und führe zu dem von Turquet (1977) postulierten Verlust von Ich-Identität. Projektive Prozesse als Abwehrformation helfen dem Individuum, ein komfortables Maß von *containment* (etwa mit »Gehaltensein« zu übersetzen) zu bewahren.

Dieser Gedankengang wird noch einmal auf den Punkt gebracht in einem Zitat von Alice Ricciardi-von Platen, einer der wenigen Frauen in dieser Szene:

> »In einer großen Gruppe fühlt sich das einzelne Mitglied bedroht, isoliert, und das Gefühl von Hilflosigkeit angesichts des Chaos ist dominant« (1996, p. 486; Übers.: K. A.).

Was hier über das Erleben des Individuums in der Großgruppe beschrieben wird, trifft annäherungsweise auch für die Anfangssituation in Kleingruppen zu – nur gelingt in Letzterer die Orientierung rascher.

1.4 Bedrohung der Identität und projektive Identifikation

Dieser Verlust der Ich-Identität wird in Kreegers Sammelband am explizitesten von Tom Maine und Pierre Turquet vertreten – zwei Artikel, die Psychoanalysegeschichte geschrieben haben. Es sei angefügt, dass alle diese Formulierungen nicht auf einer exakten Empirie beruhen, sondern eher als hermeneutische Schlussfolgerungen anzusehen sind.

Turquets (1977, S. 811–839) Beitrag mit dem Titel *Bedrohung der Identität in der großen Gruppe* (im englischen Original 1975 *Threats to identity in the large group*) analysiert brillant, wie durch die nicht mehr – wie in einer Face-to-Face-Gruppe – als Personen wahrnehmbaren Mitglieder das Gefühl von Ich-Identität infrage gestellt wird. Es kann kein vertrauensvolles Person-zu-Person-Verhältnis entstehen; damit dominieren Angst und die Tendenz zur Projektion das Feld. Statt Intimität entsteht Entfremdung *(alienation)*. Das wird verstärkt durch spezielle Techniken der Gruppenanalyse, bei denen die Teilnehmenden in zwei bis fünf konzentrischen Kreisen oder in einer Stuhlspirale sitzen, so, dass man nie alle anderen sehen kann und die vorderen Reihen die anderen »im Nacken« haben. Dieses bedrohliche Moment fand ich wieder in einer Plastik im Giardino di Daniel Spoerri in der Toscana, bei einer Skulptur mit dem Titel »Dies Irae«, wo die Bedrohlichkeit geradezu aus dem Bild herausspringt.

Abb. 3: Oliver Estoppey: »Dies Irae«, 2001; Giardino di Daniel Spoerri

Der Mechanismus der Projektion ist nicht erst von Sigmund und Anna Freud entdeckt worden. Die Tendenz,

> »der Begegnung mit sich selbst zu entgehen, solange man alles Negative auf die Umgebung projizieren kann« (nach C. G. Jung 1976, S. 30; vgl. dazu Antons 2015),

wird bereits in den Lehrreden des Buddha sowie im Neuen Testament (Mt. 7, 3 f.; Lk. 6, 41 f.) beschrieben. Matthäus wie Lukas lassen Jesus sagen, man sehe zwar gerne den Splitter im Auge des Nächsten, den Balken im eigenen Auge aber sehe man nicht.

Solange ein Individuum alleine vor sich hin projiziert und andere damit nicht behelligt, ist der Vorgang relativ unschädlich. Meist aber werden andere Personen (im nachfolgenden Zitat sind es, psychoanalytisch gesprochen, »Objekte«) in der einen oder anderen Weise einbezogen. Und dann kommt ein wesentlicher Mechanismus bei der paranoiden Verarbeitung ins Spiel: die projektive Identifikation (Main 1977, Turquet 1977).

Josef Shaked, ein österreichischer Jude und einer der führenden deutschsprachigen Großgruppenleiter, bringt bewusst eine politische Note in seine Arbeit hinein. Er hat mit der erwähnten Alice Ricciardi-von Platen seit 1977 die Altaussee-Seminare geleitet, in denen bis heute gruppenanalytische Großgruppenarbeit praktiziert wird. Er formuliert: Projektive Identifikation besage,

> »dass gute und böse Anteile auf den Leiter, ein Gruppenmitglied oder die Gruppe als Ganzes projiziert werden, mit denen sich die Gruppe dann identifizieren kann. So projizieren die Gruppenmitglieder ihre Größenfantasien auf den Leiter und die Gruppe und identifizieren sich dann mit ihnen« (1998, S. 154).

Der Mechanismus ist aus der Arbeit mit Paaren hinlänglich bekannt (vgl. den Filmklassiker *Der Rosenkrieg* mit der entsprechenden Eskalation von Gewalt). Dadurch, dass »den anderen« offen oder verdeckt eine negative Eigenschaft zugeschreiben wird, werden sie unter den moralischen Druck gesetzt zu beweisen, dass sie eben nicht so sind. Dabei wird ihnen aller Wahrscheinlichkeit nach an irgendeiner Stelle ein winziger Fehler passieren, der die Projizierenden zu ihrer Sicht legitimiert. Tom Main (1977, S. 50 f.) kommentiert diesen Mechanismus so:

> »Obwohl Projektionsvorgänge primitive Versuche sind, sich von inneren Qualen zu befreien, indem man sie nach außen verlegt und einem

> anderen Teil des eigenen Selbst zuschreibt, kann der Preis, der dafür zu zahlen ist, sehr hoch sein: Das Selbst büßt nicht nur einen Teil seines Wissens um seine Ganzheit ein, sondern es gehen ihm, im Falle projektiver Identifikation, durch den Projektionsverlust wichtige Teile seines Selbst verloren. Massive projektive Identifikation beispielsweise von aggressiven Aspekten des Selbst, die dieses bei sich fürchtet, hat zur Folge, dass es sich nur als schwach und unaggressiv empfinden kann. Demzufolge wird das geschwächte Individuum entsetzliche Angst davor haben, von beängstigenden, aggressiven Kräften überwältigt zu werden, es wird diese jedoch nur bei anderen wahrnehmen ... Gewaltsame projektive Vorgänge und besonders die projektive Identifikation sind also nicht nur eine Angelegenheit des Individuums: Sie sind objektbezogen, und der andere wird immer mehr oder weniger stark mitbetroffen sein.«

Mit dieser Projektionsneigung verknüpft ist ein anderes Phänomen, das Massenbewegungen charakterisiert: das Führerprinzip. Bereits Peter R. Hofstätter betont im ersten deutschsprachigen Buch über Gruppendynamik (1957) die Verschränkung von Projektion und Identifikation; Markus Engelmann beschreibt in einem Essay (2004, S. 11), dass dieses Postulat wohl immer noch gültig sei:

> »Entwicklung zur Identität von Großgruppen und die Entwicklung einer Führeridentität sind voneinander abhängige Faktoren. Der unsichere Zustand, in welchem sich die Großgruppe zu Beginn befindet, oder auch durch eine Krise begünstigt, löst ein regressives Verhalten der Gruppenmitglieder aus.«

Das zeigt sich unter anderem darin, wie typischerweise Großgruppensitzungen verlaufen. Es sind im Schnitt 10 % der Gesamtgruppe, die sich verbal beteiligen und das Geschehen bestimmen. Diese Protagonisten oder Repräsentanten agieren gewissermaßen auf einer Bühne (auch wenn sie auf ihrem Platz sitzen bleiben) und tragen die Dynamik und Dramatik für die anderen aus, die sich regredierend zurücklehnen und die Macher machen lassen.

1.5 Divergierende Ziele der Arbeit mit Großgruppen: Selbsterfahrung versus Agogik

An dieser Stelle ist zurückzugreifen auf die oben an den Personen von Kreeger und de Maré festgemachten Zieldifferenzen. Die Frage, wozu denn – neben den in der Gesellschaft naturwüchsig vorhandenen Großgruppen – die psychoanalytischen Großgruppen dienen sollen, wird unterschiedlich beantwortet. Kreegers Position ist, dass »the primary task«, wie die Tavistock-Schule es nennt, also die Hauptaufgabe, darin besteht, Selbsterfahrung zu betreiben und sich gerade mit den oben genannten unangenehmen Gefühlen zu konfrontieren und auseinanderzusetzen, gewissermaßen die Schattenseite von Gruppe kennenzulernen. Nach Lamis K. Jarrar (2003, p. 36) ist es das Studium des eigenen Verhaltens in einem Setting, in dem die Gruppengröße die Möglichkeiten der Face-to-Face-Interaktion reduziert. – Die andere, eher agogisch (erwachsenenbildnerisch) zu verstehende Zielsetzung besteht darin, dass die Teilnehmenden experimentell lernen, was Großgruppenprozesse sind, um die Bedeutung und den Einfluss bewusster und unbewusster Prozesse auf soziales und organisationales Denken, Fühlen und Handeln kennenzulernen. Es geht nach de Maré auch darum zu lernen, wie man ein guter Bürger (»citizen«) in der Gruppe und in der Gesellschaft werden kann (1972, p. 17). Egal, welche Schule: bei der psychoanalytischen Arbeit geht es immer darum, Unbewusstes zu heben und bewusstseinsfähig zu machen.

An sich müssen diese beiden Ziele sich nicht ausschließen – was auch für gruppendynamische Veranstaltungen mit Klein- und Großgruppen gilt –, aber wie es bei Schulen nicht selten ist, werden an solchen Differenzen fundamentale Streitigkeiten ausgetragen. Und dann kommt es zu den erwähnten Zuschreibungen der »guten« Kleingruppe und der »bösen« Großgruppe, zur Angstmache vor der Großgruppengefahr. Lionel Kreeger (1977, S. 20) konstatiert in seiner Einleitung:

> »Man muss sich die mächtigen Kräfte, die in der großen Gruppe wirksam sind, deutlich vor Augen führen und sie berücksichtigen, da sie sich sowohl zum Guten wie zum Bösen verwenden lassen.«

Joseph Triest fasst das in ein Sprachbild:

> »In conclusion, there is a constant dialectic tension between the organization which offers ›order‹, and the ›large group‹, which is a boiling caldron of chaos« (Triest 2003, p. 173).[1]

1 Dieses Zitat wird nicht übersetzt, sondern bewusst im Original belassen.

1.6 Revision des alten Paradigmas aus dem Verstehen seines Kontextes

Bei allem Respekt vor den Pionierleistungen der ersten und zweiten Generation der Gruppenanalytiker ist es angebracht, das Umfeld, aus dem heraus sie zu ihrer Zeit ihre Erkenntnisse formuliert haben, anzuschauen und diese Erkenntnisse zurechtzurücken. Das tut das schon mehrfach zitierte Werk von Schneider und Weinberg (2003) mit dem Titel *The large group re-visited*. Das »re-visited« bedeutet zum einen Revision, Überarbeitung; durch den Bindestrich machen die Herausgeber aber deutlich, dass es um einen *Wieder*besuch geht, um ein nochmaliges Daraufschauen auf die damaligen Theorien von Kreeger und seinen Zeitgenossen.

Die ausführlichere Antwort auf die vorhin gestellte Frage »Wozu Großgruppen?« geben die Herausgeber auf S. 16 f.: Das könne eine Trickfrage sein, denn große Gruppen gebe es überall in der Gesellschaft als soziale, pädagogische und politische Strukturen. Künstlich kreierte Großgruppensettings seien dazu da, dass die Teilnehmenden etwas darüber lernen, was Großgruppenprozesse denn eigentlich ausmacht. Sie seien nicht als Psychotherapie zu betrachten, sondern als ein Laboratorium, in dem das eigene Verhalten in Bezug auf den anderen untersucht und verstanden werden kann. Dabei ist die große Gruppe nicht fähig, sich mit den spezifischen Gefühlen und Schmerzen des Individuums zu befassen und kann oft Gefühle von Alleinsein intensivieren. Damit wird sie ein bedeutendes Werkzeug dafür, soziale Interaktionsprozesse und Beziehungen in der Gesellschaft zu verstehen.

Mehrere Autoren des Sammelbandes überwinden die oben ausgeführte historische Diskrepanz und führen aus, dass die frühe Theoriebildung auch zu verstehen sei vor dem Hintergrund, dass sie in der höchst verunsicherten Situation des ausgehenden Zweiten Weltkrieges entstand und eine grundsätzlich erschütterte Lebenseinstellung spiegelt. Das sei vermutlich eine Kollektivreaktion darauf, aus dem sogenannten Dritten Reich vertrieben worden zu sein. Möglicherweise, diesen Hinweis verdanke ich Monika Stützle-Hebel, diente die Idee der »bösen Großgruppe« auch dazu, angesichts der Nazi-Zeit den Glauben an den Menschen selbst nicht zu verlieren.

Ein weiterer Kritikpunkt bestehe im Festhalten an der Gut-Böse-Spaltung. Fast gegen ihre eigene Natur, so Wilke, hätten die Psychoanalytiker festgehalten an der Idee der »guten« Kleingruppe und der »bösen« Großgruppe. Das sei ein bemerkenswertes Muster, das der Dekonstruktion harre. – Dieses Muster, so meine Deutung, beruht auf einer dualistischen Weltsicht, die bereits bei Zoroaster/Zarathustra angelegt ist und von Melanie Klein zu einer ideologieartigen Theorie ausgeformt wurde. Für Wilke stellt sich die Frage: Warum machen die Großgruppenanalytiker denn so gerne etwas »Böses«? – Wilke (2003, p. 86) konstatiert auch: Foulkes wie Klein stimmen bei aller Unterschiedlichkeit darin überein, dass Großgruppen wiederholt darin versagen, aus Erfahrungen zu lernen und fast immer in einen psychotischen Zustand regredieren. Diese negative Dialektik zwischen Großgruppe, Mitglied und Leiter sei so unhinterfragt, dass sie das Erste sei, das ein Überdenken verdiene. Er schreibt (ebd., p. 87) weiter, dass in Kreegers Klassiker alle Autoren eine Passion zeigen, angesichts der drohenden Fragmentierung und Massenpsychose den Dialog zu beschwören und mithilfe der großen Gruppe einen reiferen sozialen Austausch zu suchen. – Diese Kritik von innen macht deutlich, dass psychoanalytische Modelle immer in der Gefahr einer gewissen Beliebigkeit und mangelnden empirischen Fundierung sind.

Ein Merkmal der Psychoanalyse ist ja, dass sie Verhalten von Erwachsenen auf frühe, meist negative Erfahrungen von Kindern bezieht. Da stellt sich, und das sei ans Ende dieses Abschnitts gesetzt, eine Frage in die umgekehrte Richtung: Welche Gruppenerfahrungen im Kindesalter können denn bewirken, dass sich Erwachsene sicher in Großgruppen bewegen können und die Phänomene, um die es bisher ging, gar nicht erst auftreten?

Sabine Kvapil, Leiterin einer Kindertagesstätte schreibt dazu:

> »Welche Gruppenerfahrungen im Kindesalter bewirken, dass sich Erwachsene sicher in großen Gruppen bewegen können?
>
> Man könnte meinen, dass Krippe und Kindergarten der ideale Ort für positive Gruppenerfahrung sind. Dazu würde aber die Möglichkeit gehören, den Kindern im Gruppengeschehen auch mit uneingeschränkter Aufmerksamkeit zu begegnen. Die Rahmenbedingungen in Krippe und Kindergarten erlauben den Bezugspersonen aber wenig individuelle Zeit, in der sich ein Kind als in der Gruppe gesehen fühlen kann.
>
> Bei den Vorgaben für Krippen- und Kindergartengruppen werden von den zuständigen Gesetzgebern bis heute weder die kindliche Individualität und die Anforderungen für die Persönlichkeitsentwicklung noch

gruppendynamische Prinzipien berücksichtigt, sondern alleine die angenommene Belastungsgrenze der Pädagoginnen. Dies sind immer noch 20 bis 28 Kinder pro Raum.

In den 90er-Jahren entstanden erstmals sogenannte Offene Kindergärten, die für Kinder Möglichkeitsräume schaffen, in denen sie täglich zwischen Groß- und Kleingruppen pendeln, abhängig von Spiel- und Lernangeboten. Gruppen- und themenübergreifendes Arbeiten bewirkt hier, dass Kinder lernen, sich selbst in unterschiedlichsten Alters- und Interessengruppen zu organisieren und Vorstellungen davon entwickeln, was sie dafür brauchen.

Das dreijährige neue Kindergartenkind, das beim gemeinsamen Singen aller Kinder aufsteht, voller Begeisterung mitklatscht und dafür gelobt wird, erfährt Bestätigung für den Mut, sich in einem großen Kreis zu zeigen.

Ein Kind, das im Plenum der Kinderkonferenz in die Mitte tritt und sein Anliegen vorbringt, dafür gewürdigt wird und erfährt, dass, was es sagt, auch umgesetzt wird, traut sich dies vermutlich auch als erwachsene Person. Das sind Lernerfahrungen, die es ermöglichen, dass ein Erwachsener in einer Open-Space-Situation sich traut, in die Mitte zu treten und sein Anliegen vorzubringen (s. Abschn. 2.4).« [S. K.]

1.7 Überbetonung der Leiterrolle und mangelnde Entwicklungsmöglichkeiten

Ein weiterer Kritikpunkt im Sammelband von Schneider und Weinberg (2003) betrifft die überbewertete Rolle des Leiters in nahezu allen psychoanalytischen Konzepten, die eben sehr männliche Konzepte sind. Frauen in diesem Zusammenhang waren damals selten – außer der erwähnten Alice Ricciardi-von Platen waren es nur noch Margret J. Rioch und Melanie Klein.

Die Wichtigkeit der Interaktion zwischen Mitgliedern kommt dagegen zu kurz. Das beruht auf dem sich von Freud herleitenden dyadischen Grundparadigma, in dem der Leiter als Vaterfigur der als weiblich-mütterlich konzipierten Gruppe gegenübersteht. Triest (2003, p. 165) sagt ironisierend dazu: »Every leader automatically takes the primordial father's empty seat«,[2] und meint, Freuds Urhordenpostulat werde von vielen Autoren unkritisch übernommen.

2 Dieses Zitat wird nicht übersetzt, sondern bewusst im Original belassen.

Josef Shaked liefert in einem Artikel (1998) zwar eine hervorragende Zusammenfassung gruppenanalytischer Theoriebildung, plädiert aber dafür, dass eine Großgruppe von ihm allein geleitet wird. Dann würden Übertragungsmuster besser sichtbar. Neuere Autoren wenden sich deutlich von diesem Paradigma ab. Ein ganz prägnant anderes Leitungsverständnis beschreibt Lamis K. Jarrar, eine Palästinenserin (2003, p. 31): Anders als im traditionellen analytischen Denken mit seiner Betonung des individuellen Ganzen, der Ganzheit, Abgegrenztheit und Integrität, stützt sie sich auf postmoderne Perspektiven wie die von Jacques Lacan, in denen die Grenzen zwischen dem Selbst und den anderen flüssig und durchlässig werden. Ihr Bestreben als Großgruppenberaterin sei es, den Gruppenmitgliedern zu helfen, sich ihrer inneren Dialoge mit dem imaginierten Gegenüber bewusst zu werden und sie in einen externen und authentischen Dialog mit dem realen Gegenüber zu transformieren. Auch plädiert sie (ebd., p. 36) dafür, dass eine Großgruppe von einem Team geleitet wird, das einen guten und sicheren Container darstellt, in dem sich die Mitglieder frei fühlen können, zu spielen, zu explorieren und zu lernen über ihre innere Welt, die äußere Welt und die Welt zwischen dem Selbst und den anderen, so wie es aus der Gruppe heraus entsteht. Ihr Selbstverständnis als Leiterin sei eine Mischung aus Beraterin (»consultant«), Ermöglicherin (»facilitator«), Managerin, Therapeutin, Komödiantin, sozialpolitischer Kommentatorin, changierend zwischen teilnehmender Beobachterin und teilnehmender Leiterin, wobei die Grenzen eher fließend und nicht künstlich sein sollten (ebd., p. 40). – Das Thema der teilnehmenden Leitung wird aufgegriffen in einem Beitrag von Sabine Kvapil in Kapitel 3.

Es wird deutlich, dass hier ein ganz anderes Grundverständnis zum Ausdruck kommt. Es durchzieht auch den für unsere Thematik bemerkenswertesten Beitrag des Sammelbandes, den von Thor Kristian Island (2003, pp. 201–213). Er kontrastiert die alten Paradigmen großer Gruppen, wie sie bei Kreeger niedergelegt worden sind, mit einer Praxis, die sich sehr einfach dadurch auszeichnete, dass die Großgruppen über längere Zeit bestanden – und dann völlig andere Dynamiken entwickelten.

1.8 Das alternative Modell von Island

In meiner Erinnerung an diverse Großgruppensitzungen mit Josef Shaked war der Verlauf relativ ähnlich. Er wartete auf ein Stichwort aus der Gruppe, griff es auf und interpretierte es so, dass die Thematik mit großer Zielgenauigkeit im Holocaust landete. Mir stellte sich schon damals die Frage: Inwieweit projiziert der jüdische Leiter sein persönliches und das kollektive Schicksal des Judentums in jede dieser meist von deutschen Teilnehmern besuchten Sitzungen? Sosehr seine Veröffentlichungen schätzenswert sind (vgl. 1998, wo der Autor auch Entwicklungsstufen von Großgruppen aufzeigt), so sehr habe ich Fragezeichen zu seinem Handeln als Großgruppenleiter. Denn: Alle diese Sitzungen zeichneten sich dadurch aus, dass sie mit einer Länge zwischen einer und zwei Stunden auf einem Kongress oder einer Fachtagung stattfanden, auf der maximal drei Sitzungen durchgeführt werden konnten. D. h., ein Gruppenentwicklungsprozess fand kaum statt – diese Großgruppen blieben in ihrer Anfangsphase stecken.

Genau das ist es, was Island korrigierend einbringt: All das, was die Tavistock-Schule erforscht und als Theorie postuliert hat, krankt daran, dass die untersuchten Gruppen nie über die Anfangsphase ihrer Entwicklung hinausgekommen sind.

Nimmt man die Entwicklung der klassischen Kleingruppe (vgl. z. B. Antons, Ehrensperger u. Milesi 2019, S. 352–374), dann wird nachvollziehbar, dass eine große Gruppe erst recht Zeit braucht, um sich aus ihrem Anfangsstadium heraus zu entwickeln. Genau das geschieht bei Island – anhand einer langfristigen Großgruppe kann er aufzeigen, dass Entwicklung stattfindet und es zu durchaus anderen Dynamiken kommen kann als in den klassischen Beschreibungen.

Sein Setting sei kurz umrissen: Seit 1984, d. h. bei Abfassung des Buchbeitrags vor fast 20 Jahren, läuft in Oslo ein dichtes und komplexes Trainingsprogramm zur Ausbildung in Gruppenanalyse, mit etwa 100 Beteiligten, Teilnehmern und Staff-Mitgliedern in verschiedenen Rollen. Das Programm zeichnet sich aus durch häufige Treffen und hohe personelle Kontinuität; die Teilnehmenden bleiben zwischen ein und fünf Jahren in der Ausbildung. Die Großgruppensitzungen haben das Potenzial, destruktive Gefühle auftreten, erforschen, verstehen und sich transformieren zu lassen und damit das Verständnis unbewusster dynamischer Prozesse zu fördern (Island 2003, p. 203).

Island führt aus, wie er, ähnlich wie ich selber, die üblichen auf Kongressen stattfindenden drei bis vier Großgruppensitzungen erlebt hat: ohne Bezug zur historischen und politischen Situation, wie in einem kontextuellen Vakuum. Die »monolithische Position« des Leiters (ebd., p. 204) sei alles andere als eine neutrale Größe, vielmehr zwinge sie die Gruppe in eine vorhersagbare Entwicklung, die sich um diese monolithische Position des Leiters drehe. Diese starke Fokussierung auf Leitung sei keine inhärente Qualität der Großgruppe an sich, sondern ein Ergebnis der theoriebeladenen Vorannahmen der Einladenden (»convenors«). Island beschreibt dann (ebd., p. 206) sehr differenziert, was auch in gruppendynamischen Staffs ein wesentliches Thema ist: die Multifunktion (im Sinne von Jarrar) der einzelnen Staff-Mitglieder und die dazu ständig wiederherzustellende Rollenklarheit. Er plädiert dafür, dass man das foulkessche Matrixverständnis brauche, um Großgruppenphänomene nicht ausschließlich mit psychoanalytischen Konzepten verstehen zu wollen, sondern die Großgruppe als ein sich entwickelndes und sich selbst steuerndes System sehen könne (ebd., p. 205). Dann reduzieren sich auch die von Shaked beschworenen und als zwingend vertretenen Attacken auf die Leitung – der symbolische Vatermord. Und die in der Psychoanalyse häufige Vermischung von Gruppe und Familie, von Großgruppe und Organisation kann sich reduzieren.

Eine Teamleitung sollte die Perspektive im Auge haben, dass der Prozess einer Großgruppe ein kontinuierliches Wechselspiel zwischen dem Auftauchen primitiver Prozesse und den kultivierten Aspekten von Gruppe ist. Damit man das steuern kann, braucht es eine einheitliche Linie im Staff, ohne dass Unterschiede im persönlichen Stil und in der theoretischen Orientierung nivelliert werden. Offen ausgetragene Dissonanzen im Staff seien vielmehr machtvolle Stimuli für den Individuationsprozess der Teilnehmer. Wenn einzelne Staff-Mitglieder idealisiert werden, bedürfe es zwar eines Verständnisses dafür, aber auch ein liebevolles Ausbremsen narzisstischer Verführungen. Der Staff müsse solche Prozesse reflektieren können, damit eine Großgruppe sich zu einer integrierten Kultur entwickeln kann. Genau das können kurzfristige Großgruppen auf Kongressen nicht leisten; sie erreichen keine Entwicklung über die formative Phase hinaus (»forming« i. S. v. Tuckman 1965).

In einem weiteren Artikel dieses Sammelbandes betont Otto Kernberg (2003, pp. 125 ff.), dass eine Großgruppe »normal«, rational und realitätsorientiert operieren könne, solange sie eine Aufgabe habe. Wenn diese die Mitglieder zusammenführende Aufgabe fehle oder die Gruppe mangelhaft strukturiert sei, generiere sie intensive Angst und regrediere rasch in ein von allen geteiltes Gefühl von Chaos, Furcht, Irritation und Impotenz. Versuche Einzelner, Subgruppen zu konstituieren, die gegen diese Ängste schützen, scheitern häufig, weil stabile individuelle Beziehungen und gegenseitige soziale Kontrolle nicht gelingen. Erst das fördert die Tendenzen zu projektiver Identifikation, Allmachtsfantasien, Verleugnung von Aggressivität und Passivität bis hin zur Panik. Solange sie ohne Aufgabe und Struktur sei, toleriere die Großgruppe keine Rationalität, egal, wie wissend und reif die einzelnen Mitglieder seien. – Dieses Votum von Kernberg ist gewissermaßen Bion mit umgekehrten Vorzeichen. Nicht: Die Gruppe *ist* so, sondern das Verhalten, das sie zeigt, ist eine Reaktion auf gestellte Bedingungen. Damit gerät er in ziemliche Nähe zu Lewins Grundformel: Verhalten ist eine Funktion von Person und Umwelt.

Damit wanken die alten Paradigmen – es gilt, einen unverstellten neuen Blick auf die Großgruppe zu werfen, auch unter psychoanalytischer Perspektive – wofür auch Markus Engelmann (2004, S. 10) plädiert:

> »Es gilt somit auch, dass es einer Großgruppe durchaus gelingen kann, ein Stadium der Objektkonstanz zu erreichen, wo reifere Beziehungen zwischen Individuen sowie eine Verarbeitung von Trauer möglich werden.«

Das entspricht meinen persönlichen Erfahrungen im Rahmen der von der heutigen DGGO (Deutschen Gesellschaft für Gruppendynamik und Organisationsdynamik) durchgeführten »berufsbegleitenden Weiterbildung als gruppendynamische/r Leiter/in und Berater/in von Gruppen« (die damals ungegendert anders hieß und mit einem Zeitvolumen von etwa 30 Tagen über anderthalb Jahre läuft). Dort arbeiteten wir zu zweit bis viert im Staff mit 24–30 Personen, in Trainingsgruppen und anderen Arbeitseinheiten, aber auch ausgesprochen viel im Plenum. Es war durchweg möglich, nach einiger Entwicklungszeit in diesem großen Plenum ein solches »Stadium der Objektkonstanz zu erreichen, in dem reifere Beziehungen zwischen Individuen sowie eine Verarbeitung von Trauer möglich« wurden.

Angefügt sei ein für die tiefenpsychologisch orientierte Arbeit mit Gruppen wichtiges Konzept, das zwar nicht explizit für große Gruppen entwickelt wurde, aber bestens für sie passt. Es handelt sich um die soziodynamische Grundformel von Raoul Schindler, die für mich das erklärungsträchtigste Modell für das Verständnis von Ausgrenzungsprozessen in Gruppen ist. Es ist an vielen Stellen (Schindler 2016; s. a. Antons 2015; Antons et al. 2019, S. 270 f.; König u. Schattenhofer

2006, Kap. 5.3) wiedergegeben, sodass es hier nicht ausgeführt werden muss. Ein Foto (Abb. 4) mag die wesentliche Aufgabe illustrieren, um die es in Gruppen geht: Welche anderen Möglichkeiten außer dem Ausschluss des schwarzen Schafes (bzw. hier der weißen Ziege) bietet die Anwendung des Schindler-Modells für die reflexive Verarbeitung einer Sündenbockthematik?

Abb. 4: Die weiße Ziege

1.9 Fazit

Ein Fazit dieses ersten Kapitels mag lauten – formuliert sehr wohl im Bewusstsein, dass sein Inhalt noch kaum etwas mit Supervision zu tun hat:

- Die psychoanalytischen Glaubenssätze, Theorien und Paradigmen sollten verstanden werden unter Berücksichtigung ihrer historischen Bedingtheit. Sie entstanden in einer Zeit der großen globalen Verunsicherung durch den Zweiten Weltkrieg.
- Die Dynamik von Großgruppen ist nicht unabhängig von der Haltung, mit der die Leitung ihnen entgegentritt und in die sie interveniert. Die typische Dynamik psychoanalytisch geführter Großgruppen ist, dass die anstehenden Themen und Konflikte durch eine kleine Anzahl von Protagonisten (und Antagonisten) verhandelt werden, während die Majorität in

eine regressive Position geht. Das kann man als eine Art Repräsentanzmodell verstehen: Repräsentanten agieren für die Gesamtgruppe.

- Die Balance zwischen Strukturierung und offenem Prozess muss in großen Gruppen sehr viel sensibler gehandhabt werden als in Kleingruppen, denn mangelnde Struktur kann bei einzelnen Personen sehr schnell heftige Ängste auslösen, die dann nur schwer wieder einzufangen sind. Es ist die Relation zu beachten: Je größer die Gruppe ist, je unstrukturierter die Situation ist und je zurückgezogener die Leitung sich verhält, desto mehr Anlass zur Regression haben die Teilnehmer (frei nach Sandner 1978, S, 155 ff.).
- Wie auch Kleingruppen benötigen Großgruppen Entwicklungszeit, um über das hinauszuwachsen, was das Kernthema der frühen psychoanalytischen Theoriebildung war. Kann eine Großgruppe über Ängste, Entfremdung, Identitätsbedrohung, Ohnmacht und Anonymität hinauswachsen, also über das, was die »paranoide Position« heißt, kann sie sich zu einem »guten Objekt« entwickeln. Insofern gilt: keine Angst vor großen Gruppen!
- Psychoanalytische Großgruppen sind entstanden und dienen bis heute sowohl der Selbsterfahrung als auch dem Lernen über soziale Prozesse in Systemgrößen, die zwischen Kleingruppe und Masse liegen.
- Es empfiehlt sich, Großgruppen nicht alleine, sondern als Tandem oder Team zu leiten. Das ermöglicht die Aufteilung von Übertragungen und ein entspannteres Arbeiten als heroisch alleine. Das alte freudsche, patriarchale Paradigma wird damit überwunden.

2 Feldtheoretisch fundierte Großgruppentheorien

Wenn die neuere Sicht auf die Psychoanalyse das Entwicklungspotenzial großer Gruppen betont, so ist die ältere psychoanalytische Sicht eher durch die Mühen geprägt, die Großgruppen für alle Beteiligten verursachen. Demgegenüber haben die seit den späten 1960er-Jahren auftauchenden sozialpsychologisch-feldtheoretisch fundierten Großgruppenmethoden einen anderen Tenor, der sich am deutlichsten im Titel eines Buches von Königswieser und Keil (2008) zeigt: *Das Feuer großer Gruppen*.

Auch in diesem Kapitel wird es noch nicht direkt um Supervision gehen, wenn auch zwei Beiträge bereits darauf verweisen.

2.1 Das Feuer großer Gruppen und die Struktur

In diesem Titel manifestiert sich, was ich als Großgruppenleiter selbst immer wieder erlebt habe; um es metaphorisch auszudrücken: das Spiel mit dem Feuer oder der Ritt auf dem Tiger. Mit vielen Menschen einen Prozess anzustoßen, zu organisieren und in ihn hinein zu intervenieren; ein Prozess, von dem völlig unklar ist, wo er denn landen wird – das ist Herausforderung, Nervenkitzel und Konfrontation mit dem möglichen eigenen Scheitern und dem Risiko, in der Leiterrolle zu versagen. Sicher gilt das auch für die gruppendynamische Trainingsgruppe, viel mehr jedoch für die Arbeit mit der großen Gruppe oder dem offenen Plenum – es sei denn, man benutzt, wie über Shaked beschrieben, die eigene Rollenmacht und entsprechende Interventionen, um die Gruppe auf ein ganz bestimmtes eigenes Thema zu lenken. Die Psychoanalyse ist in ihrer Theoriebildung allerdings wesentlich geschlossener als die Gruppendynamik.

Mit einer Bereitschaft, sich auf die Unwägbarkeiten einzulassen, die aus einer großen Gruppe kommen, und einer Bereitschaft, die Kontrolle über die Situation fahren zu lassen, gibt Großgruppenarbeit einen Kick, den nicht nur ich empfinde, sondern an dem viele meiner professionellen Kolleginnen und Kollegen Freude haben.

Ein Kriterium für Großgruppenarbeit ist relevant, das den weiteren Verlauf des Buches durchziehen wird: Wie hoch oder niedrig die Leitung den Prozess strukturiert (s. dazu Antons, Ehrensperger u.

Milesi 2019, S. 57 ff.). Die minimale Strukturierung der analytischen Großgruppe bzw. des gruppendynamischen offenen Plenums ermöglicht ganz anderes als die in diesem Kapitel zu beschreibenden meist hoch strukturierten Großgruppenmethoden.

Woher kommt eine solch andere Sicht auf Großgruppenprozesse? Schaut man auf das Cover des wohl umfassendsten und fleißigsten Werkes über *Zukunftsorientierte Großgruppen-Methoden* von Holman und Devane (2002/2006, engl. urspr. 1999), dann wird aus dem Haupttitel deutlich, woher es kommt: Es ist, ähnlich wie der Klassiker von Doppler und Lauterburg (2014, zuerst 1994), ein *Change Handbook*. Diese beiden und viele andere Bücher kommen aus der »Change«-Ecke, d. h. aus der US-amerikanisch inspirierten Organisationsentwicklung. Sie ist begründet von direkten und indirekten Schülern Kurt Lewins wie Robert Crosby, Fred Emery, Roger Harrison, Ronald und Lawrence Lippitt, Harrison Owen, Edgar Schein, Eric Trist, Marvin Weisbord und anderen.

2.2 Soziotechnik, Demokratisierung, Partizipation und Organisationsentwicklung

Diese von Lewin angestoßene Organisationsentwicklung, die sich dem Aktionsforschungsansatz verpflichtet fühlt, entsteht seit den 1950er-Jahren in den USA aus und in der Arbeit mit Unternehmen. Ihr Change-Management-Ansatz und die damit verknüpften Großgruppenmethoden zeichnet aus, was Fritz B. Simon im Vorwort betont: »Sie sind von einer beispielhaften und kompromisslosen Pragmatik geprägt« (Holman u. Devane 2006, S. 7). Das bedeutet allerdings nicht, dass sie theoriearm und flachbrüstig sind. Sie bieten vielmehr eine solide theoretische Fundierung in der lewinischen Feldtheorie (ebd., S. 7 ff.), die man durchaus als Vorläufer systemtheoretischen Denkens betrachten darf (das wird deutlich bei Kriz 2015, Kap. 3.2; s. a. Stützle-Hebel u. Antons 2017; Crosby 2021). Allerdings wurde Lewins feldtheoretisches Konzept des Wandels mit seinem Dreierschritt (»unfreeze-move-freeze«) wie auch seine Analyse der Kräftefelder sehr verkürzt rezipiert. Andere wichtige Konzepte wie das der Identifikation von Pförtnern (vgl. Antons u. Stützle-Hebel 2015, Kap. 2.1) sind kaum zu finden.

Die Psychoanalyse hat ihre gesellschaftspolitischen Wurzeln in Freuds kulturkritischen Schriften, was sich z. B. zeigt in Shakeds

Bemühungen um eine Versöhnungsarbeit. Die lewinisch-sozialpsychologische Richtung geht zum einen aus von Bemühungen um Demokratisierung, zum anderen vom »soziotechnischen Ansatz«. Über gezielte Großgruppeninterventionen sollen Organisationen (zu denen bei Holman u. Devane erfreulicherweise auch Kommunen gehören) verändert und entwickelt werden. Dieses Organisationsentwicklungskonzept (OE) stammt aus einer Zeit, als man Organisationen als relativ homöostatische, unbewegliche Gebilde betrachtete, bei denen das innovative Potenzial von außen kommen musste, von den »Change Agents«, den hochkompetenten, von außen hinzugezogenen Organisationsentwicklern. Diese verbreitete Sicht ist allerdings nicht die der Lewin-Schule mit ihrem Aktionsforschungsansatz.

Diese Sichtweise hat sich heute, auch und gerade unter dem Einfluss der Kybernetik zweiter Ordnung, radikal gewandelt (s. Seliger 2020, S. 19 ff.). Die Zeiten der großen OE-Projekte bei Swissair, Daimler, Krankenhausverbünden und anderen Organisationen gehören der Vergangenheit an. Heute ist OE Chefsache, und Organisationen befinden sich in einem solchen rasanten Wandlungsprozess, dass oft Bremsen eher angesagt ist als Beschleunigung der Veränderung. Es gibt durchaus noch großformatige Change-Projekte, meist Umstrukturierungen genannt, aber die sind zum einen Top-down von oben verordnet und werden von Wirtschaftsberatungsunternehmen wie McKinsey gesteuert.

Unabhängig vom jeweiligen Leitgedanken und der dahinter stehenden Philosophie geht es bei allen im Folgenden kurz zu beschreibenden Verfahren um Partizipation – und damit um ein Training der Beteiligten in Demokratie, um ein Einüben demokratischer Verhaltensweisen (vgl. Stähler u. Stützle-Hebel 2018). Aus der von Lewin und Moreno entwickelten Aktionsforschung stammt das Prinzip, Betroffene zu Beteiligten zu machen, bisher passiv Duldende zur Mitgestaltung eines sozialen Prozesses einzuladen.

Diese Grundidee zieht sich durch alle modernen Großgruppenverfahren und gelingt im Schnitt auch gut. Dass es manchmal zu viel des Guten werden kann, macht die spöttische Umkehrung des Leitsatzes deutlich: Beteiligte zu Betroffenen zu machen …

So zu arbeiten ist nur möglich mit einer gehörigen Portion Vertrauen in und Glauben an die Selbstorganisationsfähigkeit sozialer Systeme (vgl. Schattenhofer 1992; Schattenhofer u. Weigand 1998).

2.3 Die Fleißarbeit von Holman und Devane

Die seit den späten 60er-Jahren kontinuierlich entstandenen Großgruppenmethoden sind inzwischen in vielen Sammelbänden und Handbüchern zusammengestellt und beschrieben. Das muss hier nicht nochmals getan werden: Ich liste lediglich die 18 von Holman und Devane (2006) beschriebenen Methoden tabellarisch auf.

In unserem Kontext interessieren weniger die einzelnen Methoden – von denen keine einzige eine Supervisionsmethode ist, obwohl Momente von Fallarbeit und Teamsupervision einfließen. Vielmehr sei in den folgenden Kapiteln herausgearbeitet, was die Methoden selbst oder ihr konzeptueller Hintergrund zur Frage der Supervision in großen Gruppen und Teams beitragen können.

Keine der Methoden ist »Selbstzweck«, d. h. zur Selbsterfahrung bestimmt. Selbsterfahrung ist zwar oft unvermeidbar, aber nie – wie bei einem Teil der psychoanalytischen Methoden – das Ziel des Unterfangens. Nein, es geht um partizipative Veränderung von Organisationen; Gemeinden wie Wirtschaftsunternehmen.

Die erste Gruppe von Methoden nennen Holman und Devane (ebd., S. 23 ff.) »Planungsmethoden«. Sie sollen helfen, für oder in Kommunen eine Richtung festzulegen, in die sie sich entwickeln wollen. Das sind, in der Reihenfolge ihrer Entstehung aufgeführt:

- Search Conference (SC)
- Future-Search- (FS-) bzw. Zukunftskonferenz
- Technology of Participations (ToP) – Participatory Strategic Planning (PSP)
- Strategic Forum (SF) bzw. Strategieforum.

Die zweite Gruppe wird als »Strukturierungsmethoden« bezeichnet. Sie »definieren Arbeitsbeziehungen unter den Mitgliedern der Organisation neu und schaffen neue Strukturen für das Arbeiten« (ebd., S. 24):

- Participative Design Workshop (PDW)
- Gemba Kaizen®
- Fast Cycle Full Participation (FCFP)
- Whole Systems Approach^SM (WSA).

Die dritte Gruppe bezeichnen die Herausgeberin und der Herausgeber als »Anpassungsmethoden«; sie umfassen Planung, Strukturierung und andere komplexe, wichtige Ziele:

- Preferred Futurin™ (PF)
- SimuReal
- Organization Workshop (OW)
- Whole Scale™ Change (WSC)
- Dialogue bzw. Dialogmethode
- Open Space Technology (OST)
- Appreciative Inquiry (AI)
- Conference Model® bzw. Konferenzmodell
- Think Like a Genius® (TLG)
- Real Time Strategic Change℠ (RTSC) bzw. Strategische Veränderung in Echtzeit.

Diese Aufzählung mag deutlich machen, dass es sich trotz *registered trade marks* und anderer Absicherungsverfahren bei vielen Methoden um Eintagsfliegen handelt, die für eine konkrete Situation konzipiert und durchgeführt wurden, aber deren Verallgemeinerungscharakter recht bescheiden ist. Interessanterweise ist das heute (s. u.) häufig verwendete World Café nicht enthalten. Ebenso fehlt meiner Korrekturleserin Heidi Ehrensperger die Zukunftswerkstatt von Jungk und Müllert (1981), die eher aus der kritisch-politischen und nicht systemkonformen Ecke kommt.

In meiner persönlichen Erfahrung ist es stets darum gegangen, für eine konkrete Anfrage zusammen mit den Auftraggebern ein Design zu entwickeln, das auf die spezifische Situation passt und sich der Elemente bedient, die in den unterschiedlichen Methoden vorhanden sind. Einer konkreten Anfrage mit dem Überstülpen einer »todsicheren Methode« zu begegnen ist Ausdruck mangelnder Prozesskompetenz. (Stoßseufzer: »Oh, hätte ich mir doch etliches, was ich zeitgleich erfunden oder entwickelt habe, patentieren lassen; ich könnte viel reicher sein …«).

2.4 Die Zusammenstellung von Ruth Seliger

Was ist, zwei Jahrzehnte nach der Erstauflage des Werkes von Holman und Devane, übrig geblieben? Darüber gibt eine neuere Arbeit von Ruth Seliger (2008, unveränderte Neuauflage 2020) Auskunft. Sie beschreibt, ausführlich und praxisgesättigt, die Methoden, die sich als brauchbar und auf unterschiedliche Situationen anwendbar erwiesen haben.

Dieses schmale Buch ist wirklich eine Compact-Leistung: Seliger zeigt die heutige Praxis von Großgruppenarbeit auf. Obwohl keine dieser Methoden eine Supervisionsmethode ist (um Supervision wird es erst in Kapitel 3 gehen), enthalten sie Momente von Beratung:

> »Großgruppen zu moderieren erfordert daher Beratungskompetenz … Moderationskompetenz allein ist bei Weitem nicht ausreichend« (S. 115).

Deshalb sei ihr systemischer Beratungsansatz skizziert.

Befremdlich ist, dass all das, was Inhalt des ersten Kapitels in *diesem* Buch ist, bei ihr mit keinem Wort erwähnt wird. Kein einziger psychoanalytischer Autor, keine einzige psychoanalytische Autorin taucht auf. Für mich bleiben nur zwei Hypothesen – oder, wenn man will, auch Zuschreibungen: Entweder hat Seliger (obwohl oder weil Österreicherin?) nie auch nur eine Ahnung von psychoanalytischen Großgruppen bekommen – dann spricht das für einen eingeschränkten Horizont. Oder sie blendet diese Seite mehr oder weniger bewusst aus – und das spricht auch nicht unbedingt für sie.

Für sie beginnt die Arbeit mit großen Gruppen erst Mitte der 90er-Jahre – was vorher war, erscheint bei ihr nicht. Sie beruft sich häufig auf »Lewin und die Folgen«, betont aber, dass die gruppendynamisch ausgelegte Organisationsentwicklung der 60er- und 70er-Jahre mit ihrem pädagogisch-emanzipatorischen Ansatz und ihrer Arbeit in Kleingruppen überholt sei. Was ihr offenbar auch nicht bekannt ist: dass das Verfahren »Gruppendynamik« keineswegs nur die Trainingsgruppe und die daran angelehnten Workshops mit zwölf bis 15 Teilnehmenden kannte, sondern dass gruppendynamisches Arbeiten von Beginn an aus einem Wechsel von Kleingruppen und Plenum, also dem gesamten System, bestand und von Beginn an mit Großgruppen gearbeitet wurde. In Österreich war Alpbach lange das Mekka der gruppendynamischen Großgruppenarbeit. – Es ist sogar eine wesentliche Lernintention gruppendynamischen Arbeitens, den Wechsel verschiedener Systemgrößen bewusst zu erleben und in der

Reflexion daran zu lernen, wie sich das eigene Verhalten in unterschiedlichen Gruppengrößen ändert; also die lewinische Grundformel, dass Verhalten eine Funktion von Person und Umwelt sei, am eigenen Leib zu erfahren.

Auch König und Schattenhofer (2006, S. 70 f.) beschreiben diese Art der Plenumsarbeit zum einen als Ort, an dem die Trainingsgruppen miteinander in Austausch treten, zum anderen aber auch als den Ort, wo die Sinnfrage sich stellt:

> »Wie schon in der T-Gruppe wird auch im offenen Plenum der Sinn (und Unsinn) sozialer Organisationsformen in dem Moment sichtbar, in dem sie entzogen werden. Der freie Dialog darüber eröffnet einen Raum, in dem die Bedürfnisse und Notwendigkeiten sichtbar werden, aus denen diese Organisationsformen erwachsen, aber ohne, dass sich die TeilnehmerInnen quasi automatisch und bewusstlos unterwerfen. In geglückten Momenten können alle Ebenen des Erlebens in einem gemeinsamen Ganzen aufgehen, und es entstehen echte Erkenntnissprünge. Bislang latente und verdeckt gehaltene Themen steigen an die Oberfläche.«

Seliger (2020, S. 12) scheint offensichtlich ein einseitiges und verkürztes Bild von Gruppendynamik zu haben. Da verwundert es nicht, dass sie sich mit dem Wort »Großgruppe« schwertut, es für ein Relikt aus der Zeit der Gruppendynamik und der Organisationsentwicklung hält und stattdessen lieber den Begriff der Organisationskonferenz wählt (ebd., S. 13). Manchmal spricht sie auch von »Großkonferenzen«; ihre Nomenklatur bleibt uneindeutig.

Mein Eindruck ist, dass sie die Geschichte, die zur heutigen Praxis geführt hat, lieber ausblendet und alles dem systemischen Denken zugute schreiben möchte – ein bei Systemikern nicht seltener hegemonialer Stil. Dabei ist keine der von ihr dargestellten Großgruppenmethoden eine rein systemische Erfindung, sondern sie zeigen deutlich ihre Wurzeln im feldtheoretischen Ansatz Lewins. Es fehlt Seliger offenbar ein Bewusstsein, »auf den Schultern von Riesen zu stehen«.

> »Systemisches Denken brachte neue Grundannahmen in die Beratung. Vor allem die Überlegung, dass Organisationen eigene soziale Systeme sind und Menschen nicht als ihre ›Elemente‹, sondern als ihre Umwelten gesehen werden, veränderte die Beratung und viele ihrer Instrumente« (ebd., S. 11).

Dieser Satz von ihr veranlasst mich zu einem kurzen Exkurs, der nicht beanspruchen kann, Umfang und Tiefe dieses soziologischen Diskurses auszuschöpfen. Die genannte Veränderung des Denkens geht wohl hauptsächlich auf die Theorie Niklas Luhmanns zurück, der sich gegenüber der dringenden Empfehlung einer Reihe von Fachleuten (persönliche Mitteilung von Rudi Wimmer) taub stellte und nicht bereit war, die Gruppe als ein konstituierendes Element, als eine eigene Qualität in seine Systemtheorie aufzunehmen. Dass daraus folgend Menschen zu Umwelten von Organisationen wurden, das Individuum sozusagen aus dem sozialen System entfernt wurde, ist ein gravierender Schritt weg von einer Sicht auf die Person. Wie König und Schattenhofer (2006, S. 23–26) mit ihrem Denkmodell der »inneren und äußeren Umwelt« aufzeigen, hat das auch gewisse Vorteile.

Aber was damit einhergeht, und das wurde mir bereits im Studium bei der ersten Begegnung mit Talcott Parsons, einem der soziologischen Väter systemischen Denkens, deutlich, ist ein auffallendes mangelndes politisches Bewusstsein nicht weniger Systemiker. Es ist nicht nur ein Verzicht auf jegliches pädagogisch-emanzipatorische Denken, sondern auch auf eine humanistische Perspektive.

Dabei hatten die Vordenker und Pioniere systemischen Denkens durchweg eine humanistische Haltung; man denke nur an Helm Stierlin mit seinen philosophischen Werken (z. B. 2010), an Francisco Varela, über dessen humanistische und spirituelle Seite der Film von Franz Reichle, *Monte Grande,* ein grandioses Zeugnis gibt. Da ist auch Heinz von Foerster mit seinem Sichweigern, in eine Schublade gesteckt zu werden, mit dem Titel *Wahrheit ist die Erfindung eines Lügners* (von Foerster u. Pörksen 1998). Eine persönliche Erinnerung verbindet mich mit zwei Männern der Mailänder Gruppe, Luigi Boscolo und Gianfranco Cecchin, bei denen ich zwei Jahre familientherapeutischer Supervision genießen durfte und deren zutiefst humanistische Haltung mich sehr beeindruckt hat.

Wenn auch dieser Start von Seliger etwas unbefriedigend ist (auch weil er in einer ungelösten Spannung zu der nachfolgend als so wichtig erachteten Selbstverantwortung des Individuums steht), so gewinnt das Buch im Hauptteil an Qualität. Seliger stellt fünf heute gebräuchliche Formen von Großgruppenveranstaltungen bzw. Organisationskonferenzen vor, die gemeinsamen Prinzipien (2020, S. 37–48) folgen, von denen mir im hiesigen Kontext wichtig erscheinen:

- *Das ganze System in einen Raum bringen:* Das heißt nicht, dass das gesamte System mit allen Personen präsent sein muss, sondern dass die in einer Organisation relevanten Kräfte vertreten sind.
- *Eigenverantwortung und Selbstorganisation:* Eigenverantwortliche Beteiligung wird bei allen Teilnehmenden vorausgesetzt und erwartet. Alle Teilnehmer werden involviert und sind verantwortlich für das Gelingen. Alle Konferenzformen bieten Strukturen, in deren Binnenraum die Selbstorganisation stattfinden kann.
- *Vorrang des Gemeinsamen vor dem Trennenden:* Durch einen Verzicht auf Konflikthaftes und Trennendes wird die Energie des ganzen Systems auf die Themen gelenkt, für die bei möglichst vielen Teilnehmern möglichst viel Energie vorhanden ist. – Meine persönliche Erfahrung: Ganz so einfach ist das nicht. Wo ungelöste schwere Konflikte in einer Organisation sind, durchbrechen sie nicht selten den postulierten *common ground,* also die gemeinsame Basis.
- *Fokus auf die Zukunft:* Das unterscheidet diese Konferenzen (eine heißt sogar »Zukunftskonferenz«) markant von den psychoanalytischen Großgruppen. Wenn Rekurs auf die Vergangenheit genommen wird, dann als »Schatz an Ressourcen«, der für die Zukunft nutzbar gemacht werden kann.
- *Fokus auf Ressourcen und Lösungen:* Die Aufmerksamkeit wird nicht auf die Analyse eines Problems gelegt, sondern auf die Stärken und auf das, was funktioniert.
- *Kein Event, sondern ein Prozess:* Großkonferenzen sind eines von mehreren Instrumenten beraterischer Intervention. Sie müssen eingebettet sein in einen länger dauernden Wandlungsprozess der Organisation.

Sodann beschreibt Seliger im Zentralteil des Buches näher die folgenden fünf Konferenzformen (2020, S. 52–112):

- Die *Zukunftskonferenz,* die als »Future search« und unter dem Schlagwort »Bring the whole system in the room« von Marvin Weisbord (Anfänge in den 70-Jahren, Hauptpublikation 1996) entwickelt wurde, operiert mit 16–72 Teilnehmern, die für zwei bis drei Tage in wechselnden Achtergruppen zusammensitzen. Der Ablauf ist stark standardisiert und führt über die Zeitschiene und den *common ground* zu gemeinsam erarbeiteten Maßnahmen und Aktionen.

- *Die Real-Time-Strategic-Change-Conference* (RTSC) wurde von Robert W. Jacobs 1994 beschrieben und dient dazu, die Energie einer konkreten Organisation in eine gemeinsame Richtung zu lenken. 25 bis 1000 Teilnehmer werden vom Management ausgewählt und sind nicht unbedingt freiwillig anwesend. Auch hier sind die Teilnehmer für zwei bis drei Tage in wechselnden Achtergruppen zusammen, das Management sitzt »auf der Bühne«, hat seine klaren Positionen und Verantwortlichkeiten. Über einen komplexen Ablauf wird unter dem Motto »Unleashing the magic« das jeweils bestimmte und vorgegebene Ziel erarbeitet.
- Das *Appreciative Inquiry Summit* (AI; Cooperrider et al. 2000) geht der Frage nach: »What gives life to the organization?« AI will nicht Probleme lösen, sondern Entwicklungen einleiten und Energien in Organisationen freisetzen. Dazu dient die Haltung der Wertschätzung von Potenzialen und Ressourcen des lebendigen Systems »Organisation« (Appreciation), die mithilfe der Arbeitsform »Interview« (Inquiry) bei einem groß angelegten Treffen (Summit) zum Vorschein gebracht werden. Es sollen zwischen 50 und 2000 Menschen über ein bis drei Tage miteinander arbeiten, und gegenüber den anderen Methoden ist die Dyade das konstituierende Moment. Paare interviewen sich gegenseitig und befragen einander nach den besten Erfahrungen mit sich und der Organisation. Sodann schließen sie sich zu Vierer- und Achtergruppen und schließlich zum Plenum zusammen.
- *Open Space,* von Harrison Owen seit den 60er-Jahren entwickelt und 2001 beschrieben, ist die einfachste der Großgruppenkonferenzen. Sie soll mit fünf bis 1000 freiwilligen oder geladenen Teilnehmern zwischen einem halben und drei Tagen möglich sein. Das Grundprinzip ist, Menschen in einem offenen Kreis, dem Open Space, zusammenzubringen und sie an einem Thema arbeiten zu lassen, das sie wirklich bewegt – der entsprechende Slogan heißt »Leidenschaft und Verantwortung«. Seliger (2020, S. 94) schreibt:

> »Die Raumordnung ist der zunächst auffälligste Aspekt von Open Space: Alle Teilnehmer sitzen in einem großen Kreis, bei sehr großen Konferenzen in mehreren konzentrischen Kreisen. [...]
>
> Im Kreis sind alle Beteiligten sichtbar, der Kreis macht alle gleich. Das Thema, das Anliegen, steht im Mittelpunkt.«

Diese von Owen zu Recht als »fundamentale geometrische Form für eine offene Kommunikation« (Owen 2001, S. 159) beschriebene Form ist aus Kapitel 1 vertraut; eine längere Ausführung von Andreas Amann in Abschnitt 3.6 macht das Spezielle der offenen Kreisform deutlich.

Es gibt den »Grundsatz der zwei Füße« und vier Regeln, die hilfreich sind für das, was anders ist als in den anderen Verfahren. Es »beginnt nämlich, wenn es beginnt«, d. h., es gibt hier durchaus noch das unbehagliche Moment der minimal strukturierten Situation zu Beginn. Open Space ist die noch relativ großgruppendynamischste Form der Organisationskonferenzen, denn es bedarf des initialen Mutes, aufzustehen, in den Kreis zu treten, niederzuknien (!) und das eigene Thema (im Rahmen des Gesamtthemas der Konferenz) auf ein Plakat zu schreiben und dafür zu werben. Das ist durchaus vergleichbar mit der Situation, in einer großen Supervisionsgruppe oder einem Team sein Anliegen einzubringen.

- *The World Café* sei »simple but [...] powerful« (Seliger 2020, S. 105). Es ist die jüngste und mit einem halben Tag die kürzeste Form der Großgruppenkonferenzen, von Juanita Brown und David Isaacs (2007) entwickelt. Wie auch bei den anderen Methoden gehen die Autoren davon aus, dass Organisationen sich entwickeln und verändern können, wenn es gelingt, neue Formen der Kommunikation zu erproben und die Selbstorganisationsfähigkeit sozialer Systeme genutzt wird. Die Organisationsform ist so, dass je vier bis fünf Teilnehmer an Bistrotischen sich unter Leitung eines Gastgebers treffen, die »Tischdecken« mit ihren Gesprächsergebnissen vollschreiben und mehrfach den Tisch wechseln. Der Gastgeber präsentiert nach mehreren Gesprächsrunden die Ergebnisse dem Plenum. Dabei ist das Prinzip des »Perlensammelns« wichtig, sodass nur die wirklich relevanten

> Ergebnisse mitgeteilt werden. Das Plenum kann aus 15 bis 1500 Teilnehmern bestehen – bei letzterer Größenordnung stelle ich mir die Rückmeldung der Ergebnisse ins Plenum etwas schwierig vor ...

Was zeichnet diese Großgruppenveranstaltungen aus? Zunächst, dass, mit Ausnahme von Open Space, das mit der im Kreis sitzenden Großgruppe beginnt, das gesamte System sofort in Subsysteme aufgeteilt wird, sodass die in Kapitel 1 beschriebenen Phänomene gar nicht erst auftauchen bzw. nach kurzer Zeit in einer kleinen, überschaubaren Gruppe landen. Hier wird methodisch das hergestellt, was sich als Spontanprozess in nicht gesteuerten Großgruppen zeigt: Sie zerfallen sehr rasch in Untergruppen, in denen Kommunikation möglich und erfreulich ist. – Die Achterzahl bei Zukunftskonferenz, RTSC und AI markiert eine Gruppengröße, die für Arbeitsgruppen ebenso wie für Supervisionsgruppen als optimal betrachtet wird. Die Bistrotische beim World Café haben nur Platz für vier bis fünf Personen. Das AI benutzt die geschickte Vergrößerung von Paar – Vierergruppe – Achtergruppe – Plenum, wobei es bei fast allen Methoden um rhythmische Wechsel in der Gruppengröße geht, sodass auch zu erfahren ist, wie es sich anfühlt, in Gruppen unterschiedlicher Größe zu sein und sich zu verhalten – also ein jeweils anders strukturiertes Feld zu betreten. Das ist für die Frage dieses Buches von Bedeutung: Was mache ich mit (allzu) großen Supervisionsgruppen? Die Antwort aus diesem die sozialpsychologisch-feldtheoretische Seite betonenden Kapitel heißt: die Großgruppe flexibel aufzuteilen.

Es gibt eine Reihe ähnlicher Werke wie das von Seliger; das schweizerische Unternehmen »frischer wind« hat einige Publikationen herausgegeben: Schjold 2009, Hinnen und Krummenacher 2012, Krummenacher et al. 2019. Eine sehr erhellende Darstellung der verschiedenen »Raumordnungen« findet sich in einer Arbeit von Baumfeld und Plicka (2005, S. 8 ff.), ebenfalls einem Handbuch für Großgruppeninterventionen. Sie sind auf folgender Doppelseite grafisch wiedergegeben.

Großgruppeninterventionen – das Praxisbuch für LEADER + Österreich

1. Bienenkörbe:

Die Großgruppe wird für kurze Zeit in Kleingruppen geteilt. Die Gruppe hat eine eingeschränkte Gesprächs- oder Arbeitsaufgabe.

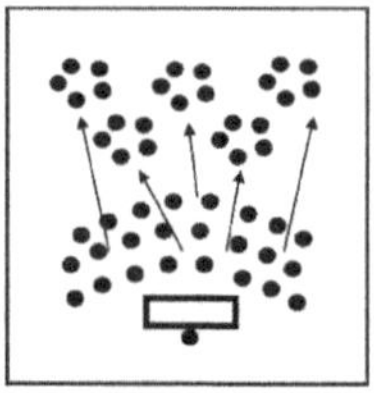

2. 4–6 Ecken:

Zum Thema stehen 4–6 Wahlmöglichkeiten, auf Plakaten im Raum verteilt sichtbar, zur Verfügung. Die Teilnehmer stellen sich zu dem Plakat, das ihrer Wahl entspricht: Gespräch oder Arbeit folgen.

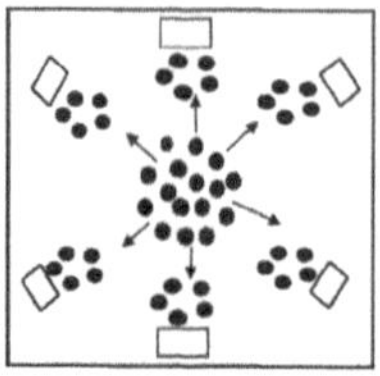

3. Karussell:

Teilnehmergruppen wandern in einem geregelten Ablauf von Station zu Station. Paare gehen reihum von Paar zu Paar. Einzelne kommen reihum von einem Partner zum anderen. Klare Regel, braucht interessante Aufgaben pro Station.

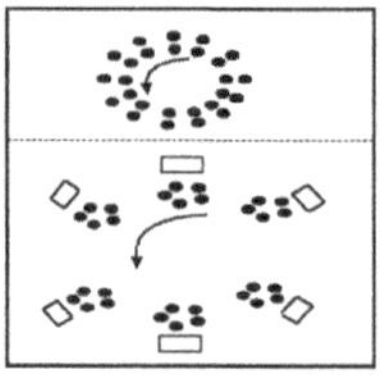

4. Markt:

Wie auf dem Jahrmarkt sind die Angebote in freiem Wechsel zugänglich. Auch Kleingruppen können so von Angebot zu Angebot wechseln. Vielfalt, von Unverbindlichkeit und Überreizung bedroht.

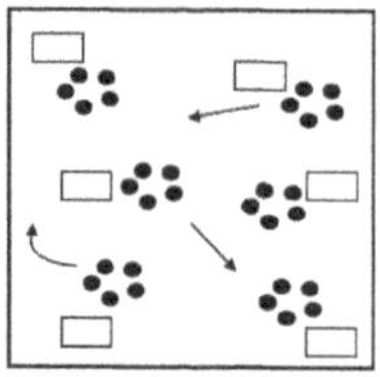

5. Verschnittgruppen – Austauschgruppen:

Statt langer Gruppenberichte: Die Austauschgruppen werden aus je einem Teilnehmer jeder bisherigen Kleingruppe gebildet; nun ist in jeder Gruppe ein Vertreter der vorherigen Gruppen. Persönlicher Austausch ist möglich.

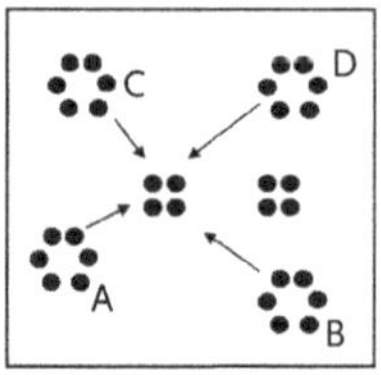

6. Pool:

So wird Diskutieren interessant: In der Mitte der Großgruppe sitzen 4–6 Vertreter von Gruppen o. Meinungen und diskutieren. Auf einem leeren Sessel können spontan weitere Teilnehmer mitreden. Nach 30 Min. Pause o. Wechsel der Pooler.

Abb. 5: Raum-Settings von Leo Baumfeld und Petra Plicka (2005); nach Reinhold Rabenstein

Großgruppeninterventionen – das Praxisbuch für LEADER + Österreich

7. Wechselnde Paare:
Viel Kontakt und Abwechslung: TN bilden für kurze Zeit Paare – Gespräch o. Aktion miteinander –, dann wechseln alle die Partner – neuer Impuls: Partnerwechsel usw. Max. 6-mal Partnerwechsel.

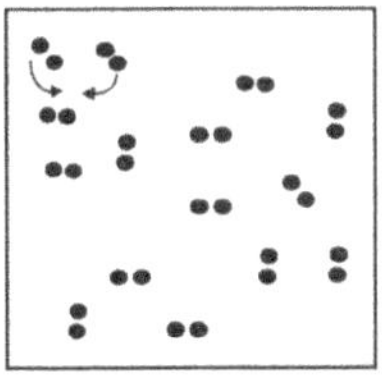

8. Lawine:
Aufbauend: Einzelne bilden Paare, dann 4er-Gruppen, dann 8er-Gruppen, dann 16er-Gruppen. Bei jedem Zusammengehen ist eine neue Aufgabe gut. Lustig mit Bewegung.

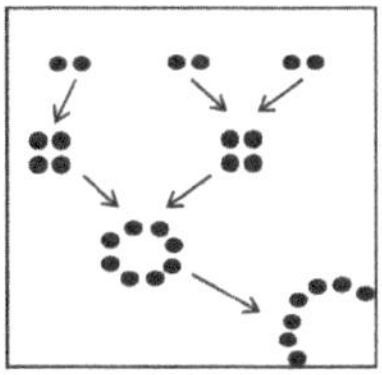

9. Stellung nehmen:
Aus dem großen TN-Kreis bzw. den Sesselreihen nehmen die TN mittels Aufstehen, Aufzeigen, Farbkärtchenheben Stellung.

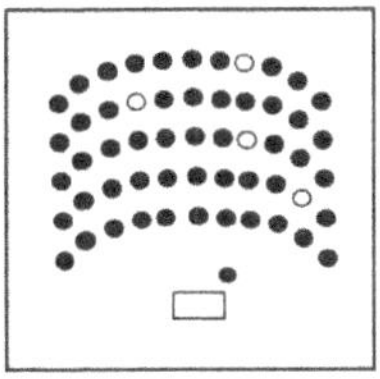

Ampel-Feedback, Gemeinsamkeiten aufzeigen.

10. Ausgangspunkt:
Üblich: Vorne ist die Bühne (Referent/in, Leinwand, Theater) die TN sitzen daraufschauend im Halbkreis, in Sesselreihen.

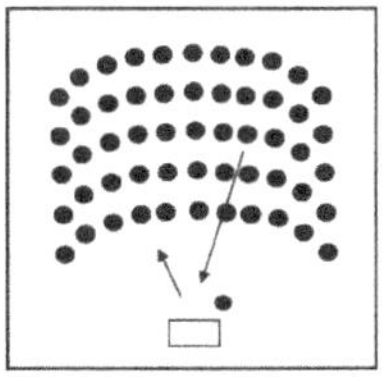

Aktivierung:
Signalzeichen, Reflexionsbogen, Paargespräche u. a.

11. Kreis:
Jede/r sieht jede/n in der großen Gruppe. Große Verbindung spürbar. Rundgespräche, Signalzeichen, Tanz.

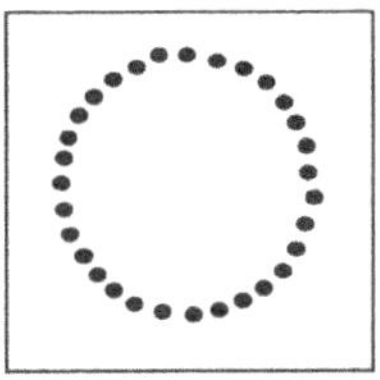

Bevorzugt für für Open Space, Dialog.

12. Einzeln und gleichzeitig:
Jede/r TN tut gleichzeitig mit allen anderen das Gleiche: Fragebogen bearbeiten, malen u. Ä. **Impulsplakate, Einzelarbeit, Spots in Movement**. Kurze Intensität möglich. Länger dauernd, Isolationsgefahr.

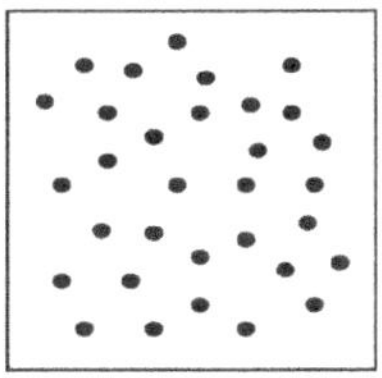

2.5 Fallvignette »Segeltörn«

Wie ein solcher »Aufteilungsmodus« praktisch aussehen kann, was er bewirkt und ermöglicht, mag aus der folgenden Fallvignette deutlich werden, die meine Intervisionskollegin Margot Ruprecht geschrieben und dankenswerterweise zur Verfügung gestellt hat. Diese wie die nachfolgenden Falldarstellungen dienen dazu, anhand praktischer Erfahrungsberichte die Theorie lebendig und anschaulich zu machen.

Margot Ruprecht bietet mit ihrem Kollegen Benno Greter in der Schweiz seit 2003 eine dreijährige Ausbildung in Transaktionsanalyse an, wobei das beschriebene »Weitsichtseminar« einen Höhepunkt in der Ausbildung darstellt. Es handelt sich allerdings nicht um eine Supervisionsgruppe im engeren Sinne, sondern um supervidierte Skriptarbeit. Hier einige Ausschnitte aus dieser Arbeit:

»Das Weitsichtseminar – der besondere Segeltörn auf dem Ijsselmeer

In der Ausbildung legen wir außer auf Theorievermittlung, Supervision und Selbsterfahrung großen Wert auf gruppendynamische Trainings.

Unsere Gruppen untersuchen kontinuierlich ihre eigene Erfahrung, um etwas über Dynamik von Gruppen zu lernen und darüber, wie sich der Einzelne in der Dynamik bewegt bzw. sie mitgestaltet. Anders als bei herkömmlichen Lernprozessen, in denen Lehrende ihr Wissen präsentieren und Lernende Konsumentinnen des Wissens sind, sind Teilnehmende in einem gruppendynamischen Training Lernende und Lehrende zugleich.

Mit diesen Prozessen ermöglichen wir das Nachdenken, das Hinterfragen und das Nachspüren bezüglich dessen, welche Prägungen und Alltagstheorien und Verhaltensweisen uns leiten.

Unserer Erfahrung nach bewirkt der »gruppendynamische Lernweg« intensive persönliche Prozesse und eindrückliche und nachhaltige Lernerfahrungen.

Einen der Höhepunkte unserer TA-Weiterbildung bildet ein gruppendynamischer Segeltörn auf dem Ijsselmeer und auf dem Wattenmeer in Nordholland.

Während sechs Tagen untersuchen 20 Frauen und Männer im Verlaufe des zweiten Ausbildungsjahres – unter unserer Leitung – Aspekte von »Die Gruppe und ich«.

Ziele der Veranstaltung

Wir wollen mit unserem Anlass vier Lernebenen ermöglichen:

- das Erleben und die Reflexion der Prozesse in der Selbsterfahrung und im Hier und Jetzt
- die Vermittlung kognitiver Prozesse, welche die eigene Gruppenerfahrung strukturieren helfen
- die Reflexion und das Bearbeiten des Erlebten in der Gruppe, im Einzelcoaching und in der Einzelberatung
- das Training von Interventionskompetenzen.

Letztlich zeigt unsere mehrjährige Praxis, dass das unübliche Erleben, das Experimentieren, das Verstehen, das Sprachefinden und das Arbeiten in einem geschützten Raum ungeahnte Möglichkeiten und berührende Erfahrungen ermöglicht.

Design der Veranstaltung

Wir haben folgende Strukturelemente entwickelt, um intensive Lernerfahrungen zu ermöglichen:

- Täglich 1,5 Stunden gruppendynamische Foren
- Arbeitsgruppen, welche Aufträge für die Hauptgruppe wahrnehmen und die die Resultate ihrer Arbeit wieder in der Gruppe vorstellen; jede dieser Gruppen wird von einer selbst gewählten Person geleitet.
- Die Leiterin/der Leiter der Gruppe erhält von uns ein Coaching und die Gelegenheit, das eigene Tun zu hinterfragen.
- Kochgruppen: Drei Kochgruppen sorgen für das leibliche Wohl der Gruppe. Jede dieser Gruppen (Morgen-, Mittags- und Abendgruppe) wird von einer Leiterin/von einem Leiter geführt, und auch diese Personen erhalten ein Führungscoaching.
- Theorie-Plena: Das Fachbuch *Einführung in die Gruppendynamik* von Oliver König und Karl Schattenhofer (2006) wird kapitelweise und methodisch ansprechend gestaltet von jeweils zwei Teilnehmenden vorgetragen. Die Vorarbeiten dazu finden vor dem Seminar statt. Die Leitung entscheidet, wann welches Kapitel vorgetragen wird.
- Beratung: Jede Teilnehmerin/jeder Teilnehmer erhält, falls gewünscht, Beratung von der Leitung: Persönliche Themen, die im Verlaufe des Prozesses auftauchen, können angesprochen und bearbeitet werden.
- Gruppendynamische Palaver: Falls Verwirrung im System entsteht, rufen wir ad hoc eine Plenumsveranstaltung ein, um zu klären oder um Prozesse deutlich zu machen.

- Weitsichtforum am Abend: Nach dem Abendessen trifft sich die Gruppe mit der Leitung, damit sich jede Frau/jeder Mann noch einmal äußern kann: über sich, über die Gruppe, über den Anlass, über die Leitung. Als Regel gilt: Der Anlass dauert so lange, bis alle gesprochen haben.
- Segelgruppen: Die Leiterin der Segelgruppen ist jeweils verantwortlich, die Anweisungen des Kapitäns auszuführen und genügend »Personal« für die Segelarbeit zu stellen, welche unter der Verantwortung des Matrosen umgesetzt wird.
- Leitungstafel: Gut sichtbar platziert werden alle Anlässe und Foren von der Leitung zeitlich eingetragen.
- Zeit als Grenze: Wir vereinbaren mit der gesamten Gruppe, dass die Zeiten auf die Minute einzuhalten sind, also dass die von uns vorgegebenen Zeiten als rote Grenze gelten. Die Zeitgrenzen ermöglichen es der Leitung und der Gruppe, gruppendynamisch verborgene Themen sichtbar zu machen (bzw. deutlich zu machen: wie übernimmt die Gruppe Verantwortung für das Ganze…?).« [M. R.]

Dieser Aufriss macht deutlich, wie sorgfältig die Konfrontation des Einzelnen mit einer recht großen Gruppe, die mit den Leitern und der Schiffsbesatzung an die 25 Personen heranreicht, geplant ist. Es sind neben den deutlich markierten Grenzen eine Reihe von wechselnden Kleingruppenkonstellationen installiert, die den nötigen Schutz, ein Gefühl von Zugehörigkeit und die Unterstützung der Peers vermitteln, damit sich alle mit dem Plenum konfrontieren können. Das ermöglicht eine persönliche Öffnung in einer relativ großen Gruppe, die sonst in der knappen Zeit von sechs Tagen (neben der für die meisten Bergschweizer ungewohnten Herausforderung des Segelns auf dem Meer) kaum erreichbar wäre. Als Beleg dafür der O-Ton einer Teilnehmerin eines solchen Törns über einen Gruppenkonflikt.

»Dieser Konflikt in unserer Nachbargruppe war schlussendlich lehrreich für uns alle. Für den Leiter der Nachbargruppe, die beiden Streitenden und uns andere, die wir genauso Anteil daran hatten, dass sich die Auseinandersetzung nicht in der Gruppe lösen ließ. Verfolger, Retter, Opfer – wir alle hatten Mühe, nicht in diese Rollen zu verfallen. Offenbar hatte sich dieser Konflikt schon in den Tagen zuvor angebahnt. Es hatte schon diverse Meinungsverschiedenheiten und Reibereien gegeben, und dieser schwelende, nie direkt angesprochene Konflikt brach an ebendiesem ersten Tag von mir in Holland mit aller Wucht aus. Gruppendynamik in Reinkultur.

Dank eines Sprungs ins kühlende Nass und zahlreicher Zweiergespräche gelang es mir, die aufwühlenden Gefühle des ersten Tages einzuordnen, zu verstehen und dann wieder ziehen zu lassen. Das war wichtig, denn sogleich ging es wieder weiter für mich in der Abendkochgruppe. Bei größter Hitze schnippelten wir Gemüse, brieten Fleisch, bereiteten Häppchen für den Aperitif vor. Ein Kochteam von acht Leuten, das tagtäglich dafür verantwortlich war, abends rechtzeitig das Abendessen zu servieren. Und diese Zeiten änderten sich täglich und wurden von unserem Führungsteam Margot und Benno manchmal recht spät bekannt gegeben. Hitze, Kurzfristigkeit, Müdigkeit, spontane Menüplanänderungen, enge Räume, spätabendliches Geschirrspülen – all dies prägte die Zusammenarbeit in unserer Kochgruppe. Und auch spontane Umarmungen, gemeinsames Lachen, gegenseitiges Aussprechen von Anerkennung und gemeinsames heimliches Anstoßen auf das Geleistete vor dem offiziellen Aperitif. Gruppendynamik in Reinkultur.«

Abb. 6: Teamarbeit auf dem Segelschiff

2.6 Arbeit mit großen Supervisionsgruppen nach Themenzentrierter Interaktion (TZI)

War in der vorigen Fallschilderung die Transaktionsanalyse als Verfahren genannt, so soll hier ein weiteres Verfahren zu Wort kommen, das ja, worauf Hartmut Raguse hinweist, aus einem Supervisionskontext heraus entstanden ist: die TZI, die themenzentrierte Interaktion

(Cohn 2016; Raguse 1998). Beim Lesen dieses Artikels von Raguse fiel mir auf, dass sein Vorgehen weitgehend identisch ist mit dem in Abschnitt 3.3 dargestellten.

Es mag von wissenschaftshistorischem Interesse sein aufzuzeigen, warum die TZI nicht in dem deutschen Verband war, der von 1967 an über immerhin mehr als 40 Jahre das Prinzip »Gruppe« gehütet hat: dem Deutschen Arbeitskreis für Gruppenpsychotherapie und Gruppendynamik (DAGG). Als Ruth Cohn sich erstmals wieder in Deutschland zeigte, war das auf einem Kongress des DAGG, und es wäre eigentlich sinnvoll gewesen, dass sie ihr Verfahren als Sektion dem DAGG angegliedert hätte. Aber da kam eine unglückselige Rivalität zwischen zwei dominanten Frauen dazwischen: Ruth Cohn und Annelise Heigl-Evers, der damaligen Ersten Vorsitzenden des Vereins. Deshalb entwickelte es sich leider so, dass die Geschwister Gruppendynamik und TZI ihre eigenen Wege gingen.

In der TZI liegt die Standardgröße für Selbsterfahrungsseminare wie für Ausbildungsgruppen bei 15 Personen, und in dieser Größe findet auch Supervision statt – Grund genug, für unseren Kontext zu fragen: Wie gelingt das dort?

Hier lasse ich gerne Sabine Kvapil zu Wort kommen:

»Großgruppensupervision im Vier-Faktoren-Modell der TZI

Die Supervision nach TZI wurde als Konzept der Gruppensupervision bekannt und ist in der Regel Supervision *mit* der Gruppe und nicht *in* die Gruppe verlagerte Einzelsupervision. Die strukturierte Stufensupervision Hartmut Raguses findet sich heute in verschiedenen Modellen der kollegialen Beratung wieder.

Die verschiedensten methodischen Formate der Supervision gehen alle von gemeinsamen Bedingungen aus: einer Erzählung, die von einer Supervisandin, einem Supervisanden (Protagonistin, Protagonist) vorgetragen wird. Der Bearbeitungsprozess bewegt sich entlang der Erzählung, des Konfliktes, des Praxisproblems und ist in der Regel ergebnisoffen.

Eine Besonderheit der TZI liegt in der Gestaltung der Sitzungen einer Supervisionsgruppe, in denen nicht die Bearbeitung eines Falles in Angriff genommen wird, sondern die Bearbeitung eines Rahmenthemas. Es generiert sich aus einer Reihe von Fallarbeiten und wird als gemeinsames Anliegen betrachtet.

In der TZI wird man vergeblich nach Indizien für Gruppengrößen suchen. Subjektive Aspekte lassen keine Zahlenangabe zu. Persönliche Erfahrungsweisen und Erfahrungsunterschiede bestimmen, ob eine Gruppe als Großgruppe wahrgenommen wird. Allerdings gibt es in der TZI eine Idealvorstellung einer interaktionellen Gruppe, in der ICH/WIR/ES/GLOBE gleichzeitig wahrgenommen und beurteilt werden kann.

In der Gruppensupervision nach TZI ist dies, je nach gegebenen Zielen und vorhandener Zeit, bei einer Zahl von 15–25 Personen noch möglich, wenn entsprechende Kleingruppenarbeit genutzt wird.

Dabei hilft das Vier-Faktoren-Modell, den Prozess zu systematisieren und zu reflektieren. Ob in freien Gruppen, in denen Fallsupervision zur Anwendung kommt, oder in Teams, in denen Arbeitsschwerpunkt Teamsupervision oder Teamentwicklung ist: Immer wird die arbeitsfähige große Kleingruppe im Mittelpunkt des Prozesses stehen.

Supervisorinnen, die in TZI-Ausbildungsgruppen partizipierende Leitung gelernt haben, werden in der Supervisionsarbeit die Balance zwischen Nähe und Distanz suchen. Leitung im Sinne der TZI versteht sich darin, Supervision zu ermöglichen. Es gibt keine monolithische Position.

Die supervisorischen Intervisionen unterscheiden sich nicht wesentlich von anderen Verfahren: Sie öffnen, fokussieren, ermöglichen Resonanz und lösen sie aus, bündeln thematisch und führen Entscheidungen über zu bearbeitende Themen herbei. Selbstaussagen gehören zum Leitungsverständnis der TZI.

Beispielhaft könnte sich eine Supervision in einer großen Kleingruppe im Sinne der TZI folgendermaßen ereignen:

Thema: Ankommen und Anwärmen mit einer Kleinigkeit für Leib und Seele

Ob freie Gruppe oder Team, oft kommen die TN geradewegs von der Arbeit und profitieren so von dem informellen Anfang. Dieser Austausch in der Gruppe gibt der Supervisorin die Idee für den Einstieg:

Stuhlkreis – Begrüßung im Plenum – Körperübung – Entspannung oder Aktivierung (was die Gruppe braucht).

Thema: Sturmerprobt aus der Arbeit – Was bringe ich mit?

Bildung von Fünfergruppen im Raum.

Die Teilnehmenden tauschen sich zum Einstiegsthema aus.

Die Ergebnisse bleiben in den Kleingruppen, da der Austausch im Plenum zu zeitintensiv wäre.

Die Supervisorin fragt nach Resten aus der letzten Sitzung und nach der Aktualität der Anliegen, die aufgeschoben wurden und Raum brauchen.

Thema: Meinen Anliegen Raum geben – Ich formuliere, was mir wichtig ist, und höre Eure Interessen

Plenum – Anliegen, Fälle sammeln, verhandeln, priorisieren, die Fallgeber erzählen in Kurzform, die Beratungsanliegen werden im Sinne der TZI als Themen formuliert, visualisiert (auf einen Karton geschrieben) und auf dem Fußboden ausgelegt.

Entscheidungsprozess. An welchem Fall möchte ich mitarbeiten?

Die Teilnehmer bewegen sich im Raum von einem Fall zum anderen und achten dabei auf ihre Gefühle, Gedanken, Fantasien und Interpretationen.

Thema: Supervision – Wir werden konkret

Die Teilnehmer verorten sich idealerweise in Gruppen mit sieben Mitgliedern, um im Prozess ausreichend Perspektivwechsel zu haben, gehen gemeinsam in einen anderen Raum, bestimmen einen Leiter/eine Leiterin und bearbeiten ihren Fall in dem ihnen bekannten Ablauf und in gegebener Zeit.

In der Zwischenzeit ...

In diesem Zeitfenster gibt es für die Supervisorin verschiedene Möglichkeiten:

- Die Supervisorin geht abwechselnd in die Fallgruppen. Dies ist nur in Gruppen ratsam, die Fallarbeit gewohnt sind und selbstständig arbeiten. Ansonsten wird die Präsenz nicht als Interesse, sondern als Kontrolle gewertet und provoziert Störungen.
- Die Supervisorin geht in eine komplette Fallarbeit und dann in eine andere Gruppe zur Prozessreflexion. Dies kann gelingen, wenn die Supervisorin partizipierend mitwirkt und nicht intervenierend.
- Die Supervisorin bleibt draußen und nutzt die Zeit, um die Themenlandschaft der Gruppe im Vier-Faktoren-Modell zu veranschaulichen.

Plenum – Rückmeldung aus den Gruppen – Fallgeber berichten, ob sich die Themen verändert haben und wie.

Pause – Energie tanken. Informeller Teil mit kleinem Imbiss.

Thema: Im Kontakt mit mir selbst und mit Euch anderen – was hat mich heute herausgefordert? Wie habe ich mich da geleitet (im Sinne von Selbstleitung)?

Prozessreflexion in der Fallgruppe – Zentraler Teil ist die Reflexion der Selbstleitung – Ergeben sich Anliegen für die nächste Sitzung? Die Teilnehmer und Teilnehmerinnen sind dafür verantwortlich, sie festzuhalten.

Thema: Unsere dynamische Balance von ICH/WIR/ES/GLOBE – Wo bewegen wir uns mit den Themen der Gruppe?

Plenum – Die Supervisorin bringt das Vier-Faktoren-Modell mit den eingebrachten Themen der Gruppe in den Kreis. Ergänzung durch die Teilnehmer und Teilnehmerinnen. Dadurch wird sichtbar, wo die Gruppe in ihren physischen, emotionalen, intellektuellen und spirituellen Bedürfnissen steht, als Momentaufnahme.

Sharing in Murmelgruppen zu dritt, so wie die Teilnehmenden im Kreis sitzen.

Thema: Blick zurück – Blick nach vorn. Was will ich sagen, bevor wir auseinandergehen?

Noch einige Stimmen aus der Gesamtgruppe ...

Die Arbeit mit TZI kommt nicht ohne Planung aus. Je sorgfältiger die Vorbereitung, desto leichter kann ich aber meine Planung verlassen.

Leiter und Supervisorinnen mit TZI-Ausbildung sind in der Lage, jederzeit Themen neu zu formulieren, um den Gruppenprozess im Sinne der arbeitsfähigen Gruppe voranzubringen. Bei der Methodenwahl für die Arbeit in Gruppen bedienen sich Menschen mit TZI-Ausbildung einer großen Vielfalt, wie sie in Kapitel 5 beschrieben ist.« [S. K.]

2.7 Zwei Grundmodelle: Repräsentanz und Aufteilung

Am Ende dieses Kapitels, gleichzeitig am Ende der Literaturdiskussion der beiden ideengeschichtlichen Quellen, aus denen sich Großgruppenarbeit speist, seien zwei Begriffe fokussiert, die den weiteren Gedankenverlauf dieses Buches bestimmen werden. In der psychoanalytischen Großgruppenarbeit wie auch in den offenen Plena der Gruppendynamik entwickelt sich der Gruppenprozess in einer Minimalstrukturierung meist so, dass ein begrenzter Teil der Teilnehmerschaft sich zu Wort meldet und damit den weiteren Prozess beeinflusst. Dieses Vorgehen sei *Repräsentanzmodell* genannt. Die Akteure sind die Repräsentanten oder, psychodramatisch ausgedrückt, die Protagonisten eines Prozesses, in dem die anderen Teilnehmenden mitschwingen und ein mehr oder weniger stiller Resonanzkörper sind. Auch wenn die selbst ernannten Redner, oft mit einer gehörigen Portion Selbstdarstellungsbedürfnis, nicht von den Schweigern gewählt wurden, sind sie doch Protagonisten in dem Sinne, dass die Schweiger sie machen und ihnen ihre Rolle lassen. Sie sind zwar nicht physisch in der Mitte des Kreises, aber durch ihre Beteiligung sozusagen in der »Arena« oder »Manege«, wie das Abbildung 7 zeigt, wobei es sich hier nicht um einen spontanen Prozess handelt, sondern bereits um eine Aufgabenteilung.

Abb. 7: Repräsentanzmodell

Um dem entgegenzusteuern und allen Mitgliedern einer großen Kleingruppe Beteiligung zu ermöglichen, kann man mit einem *Aufteilungsmodell* arbeiten, z. B. der Grundform von Innen- und Außenkreis. Dabei werden die Aufgaben geteilt, beispielsweise in eine zeitlich zuerst arbeitende Innengruppe und in eine »Draufsicht« durch eine Außengruppe, die zeitlich später angefragt ist und auf einer Metaebene operiert (vgl. Abschn. 5.3).

Bei fast allen feldtheoretisch-sozialpsychologisch fundierten oder daraus abgeleiteten Verfahren wird, wie die fünf von Seliger beschriebenen Formen der Großgruppenkonferenz sowie die beiden vorigen

Abschnitte über Segeltörn und TZI-Supervision zeigen, die Gesamtgruppe immer wieder in wechselnde Kleingruppen aufgebrochen, in denen rasch Arbeitsfähigkeit entstehen kann, Arbeitsergebnisse erbracht und Erfolgserlebnisse erfahren werden können, die in die Großgruppe zurückgetragen werden. Dieses Vorgehen sei *Aufteilungsmodell* genannt. Es stellt jeweils die Gruppengröße her, die klassischerweise als »goldene Regel« für die Arbeitsfähigkeit einer Gruppe gilt. Die Untergruppen arbeiten separat, parallel oder aufgabenteilig an der Fragestellung und bringen in einem letzten Arbeitsschritt die Ergebnisse in irgendeiner Form in die Gesamtgruppe und tauschen sich aus (vgl. Abschn. 5.4).

Abb. 8: Aufteilungsmodell

Diese beiden Grundtypen werden sich immer wieder finden, wenn es in den folgenden Abschnitten und Kapiteln um Methoden supervisorischer Arbeit mit großen Kleingruppen geht – meist nicht in reiner Form, aber oft doch gut als dem einen oder anderen Typus bzw. Modell zugehörig erkennbar. So ist die Arbeit mit Innen-Außen-Kreis schon eine Mischform, wie die meisten Techniken Zwischenformen sind. Bei der Erarbeitung dieses Textes wurde zunehmend erkennbar, dass diese beiden Grundmodelle ubiquitär sind.

2.8 Fazit

Das Wesentliche dieses Kapitels lässt sich so zusammenfassen:

- Die sozialpsychologisch basierten Theorien und Methoden der Arbeit mit großen Gruppen sind ebenfalls zu verstehen vor dem zeitgeschichtlichen Hintergrund, aus dem sie entstanden sind, aus den denk- und handlungsleitenden Paradigmen ihrer Entstehungszeit.
- Wie die psychoanalytische Grundhaltung hat die sozialpsychologische ihren Einfluss auf das, was sich in einer Gruppe entwickeln kann. Ist es primäre Aufgabe psychoanalytischer Arbeit, Unbewusstes bewusstseinsfähig zu machen, so ist es das primäre Interesse feldtheoretischer Arbeit, ein Kräftefeld zum gegebenen Zeitpunkt zu erkennen und das daraus resultierende Verhalten zu verstehen. Aus seiner erkenntnistheoretischen Haltung und seinem feldtheoretischen Verständnis des Verhaltens von Individuen und Gruppen heraus kam Lewin zum Ansatz der Aktionsforschung und der dazu nötigen Partizipation der Beteiligten und Betroffenen – und sie deckte sich mit seiner Idee der Demokratisierung. Eine innere Haltung von Partizipation, verbunden mit dem Vertrauen in die Selbstorganisationsfähigkeit sozialer Systeme, ist erforderlich für ein entsprechendes Arbeiten mit großen Gruppen.
- Den feldtheoretisch fundierten Methoden der Arbeit mit großen Gruppen ist gemeinsam, dass sie das Angstmoment in großen Gruppen, mit der Tendenz zur Entdifferenzierung und Regression, auffangen und entschärfen durch einen geschickten Wechsel zwischen Auflösen der großen Gruppe in rasch arbeitsfähige Kleingruppen und der Wiederzusammenführung im Plenum. Das Grundmodell ist das einer Aufteilung.
- Zwei Texte von Mitarbeiterinnen, die Abschnitte 2.5 und 2.6, schildern paradigmatisch unterschiedliche Vorgehensweisen dafür, mit großen Kleingruppen zu arbeiten, und verweisen damit auf die in Kapitel 5 dargestellten Methoden und Techniken.

3 Zur supervisorischen Arbeit mit großen Gruppen und Teams

3.1 Verortung von Beratung und Supervision als gesellschaftlich vermittelte Interventionen

Ehe im Abschnitt 3.3 Teams und Gruppen in den Fokus gerückt werden, sei zunächst das Beratungsformat »Supervision« skizziert, wobei im weiteren Verlauf der Begriff »Supervision« beibehalten wird. Seit kurz nach Mitte der 2010er-Jahre die DGSv sich umbenannt und damit einen langen Nomenklaturstreit beendet hat, ergibt es Sinn, »Coaching« zu subsumieren unter dem schönen DGSv-Motto »Mein Coach ist Supervisor«.

Selbst wenn wir als Supervisoren den Begriff »Supervision« für etwas Selbstverständliches halten, ohne ihn zu hinterfragen, so lohnt es sich doch, an dieser Stelle innezuhalten und sich zu vergegenwärtigen, wo Supervision als Interventionsform zu verorten ist. Claus D. Eck (in Fatzer u. Eck 1990, S. 36 ff.) hat zu Beginn der 1990er-Jahre herausgearbeitet, welche gesellschaftlich-institutionell vermittelten Interventionen in welchem Verhältnis zur Supervision stehen. Er differenziert zwischen Erziehung (als Personalisierung des Sozialisationsprozesses), Führung (als Verhaltenslenkung auf ein bestimmtes Ziel hin), Beratung im weiteren Sinne (als Verhaltensänderung im Sinne von Prävention und Korrektur) sowie Therapie als Verhaltensänderung unter dem Krankheitskonzept. Mag man auch mit dieser Einteilung nicht einverstanden sein, sie macht eines deutlich: Supervision als eine Spezialform der Beratung bewegt sich in einem komplexen sozialen, politischen und agogischen Kräftefeld.

Zusammen mit René Ullmann, dem dieses Buch gewidmet ist, habe ich durch diesen Stimulus von Eck eine erweiterte Einbettung der Beratung entwickelt, die den Fokus eher auf die verschiedenen Interventionsformen in der Erwachsenenbildung legt und zwischen Beratung, Führung, Leitung, Moderation und Training (Mediation war damals noch nicht eigenständig) differenziert. Beratung ist auch hier der Oberbegriff, der Supervision umfasst. Unsere Zusammenstellung in Form einer Tabelle ist bisher unveröffentlicht.

Aus der Tabelle 1 auf den Doppelseiten 62–65 wird deutlich, dass es einer weiteren Eingrenzung der Supervision bedarf. Dem ist der nächste Abschnitt gewidmet.

3.2 Definition von Supervision

Bei dem folgenden Versuch, Supervision zu umreißen, nehme ich Anleihen bei Belardi (2005, 2021), Pühl (2012), Rappe-Giesecke (1990) und folge dem Selbstverständnis und dem Konzept der DGSv, die, wie gesagt, das Coaching subsumiert hat:

> »Diese Beratungskompetenz, das Kernkonzept der Supervision, wird in verschiedenen Feldern der Arbeitswelt sowohl unter dem Namen ›Supervision‹ wie auch als ›Coaching‹ nachgefragt. Die DGSv trägt aus diesem Grund beide Namen im Titel« (verfügbar unter: www.dgsv.de/dgsv/supervision/konzept/ [2.2.2022]).

Das ist in unserem Zusammenhang insofern von geringerer Bedeutung, als Coaching überwiegend Einzelberatung meint. Dass der Begriff »Supervision« im Profitbereich als Kontrolle verstanden wird und deshalb dort der Coachingbegriff beliebter ist, ist häufig (z. B. Pühl 2012, S. 13) angemerkt worden und spielt in unserem Kontext keine nennenswerte Rolle.

Supervision sei zunächst als eine Spezialform von Beratung verstanden, die sich auf berufliche Zusammenhänge bezieht und gleichzeitig personbezogen ist, manchmal auch als »arbeitsweltliche Beratung« benannt. Damit grenzt sie sich gegen Lebensberatung, Lebenshilfe und Therapie auf der einen, gegen Organisationsberatung und -entwicklung auf der anderen Seite ab – wenngleich in der praktischen Realität die Übergänge fließend sind. Sie ist ein Verfahren, das sowohl der beruflichen Weiterentwicklung und Weiterbildung dient als auch durch die Aufforderung zur reflexiven Verarbeitung persönliches Wachstum ermöglicht. Damit hat sie auch eine wichtige psychohygienische Funktion.

Zu unterscheiden ist zwischen Ausbildungssupervision und berufsbezogener Supervision. Ausbildungssupervision ist fast nie freiwillig gewählt, sondern obligatorischer Bestandteil einer Aus-, Fort- oder Weiterbildung, in der Professionelle (z. B. Studium der Sozialarbeit oder Sozialpädagogik an einer FHS) wie Ehrenamtliche (z. B. Ausbildung für die Telefonseelsorge) sowohl unterstützt als auch in ihren Ausbildungsschritten kontrolliert werden.

Eine weitere zentrale Unterscheidung ist die der Systemgröße oder die Größe des Settings: Neben der Einzelsupervision (die in unserem Zusammenhang nicht erscheint) sind das Gruppensupervision und Teamsupervision. In der Gruppensupervision ist die Supervisorin oder der Supervisor meist der Veranstalter, der/die Professionelle aus ähnlichen Berufsfeldern, aber unterschiedlichen Einrichtungen oder Teams zusammenruft, um mit ihnen fallbezogen (s. u.) oder berufsrollenbezogen zu arbeiten. Die Größe einer solchen Gruppe lässt sich regulieren und muss nicht zu einer großen Kleingruppe führen – es sei denn, diese Gruppensupervision findet als Ausbildungssupervision statt.

Bei der Teamsupervision geht es darum, wie bereits eindringlich in der Einleitung beschrieben, mit Menschen supervisorisch zu arbeiten, die im selben Arbeitskontext stehen. Hier ist als dritte Größe in der Regel die Organisation beteiligt, in der die Teammitglieder arbeiten; das Übliche ist der sogenannte Dreieckskontrakt zwischen Supervisor, zahlender und gegebenenfalls kontrollierender Organisation und dem zu supervisierenden Team.

Bei der Teamsupervision ist eine weitere Unterscheidung zu beachten: Ist Fallsupervision angefragt oder Teamsupervision? Im ersteren Falle (s. dazu König u. Schattenhofer 2017) geht es um die Belastungen der Mitarbeitenden durch ihre anspruchsvolle Arbeit mit Patienten, Klienten, zu Pflegenden etc. und den kompetenteren Umgang damit. Im zweiten Fall sind die Arbeitsabläufe und Kommunikationen im Team und die daraus entstehenden Konflikte das zentrale Thema. Meist wird beides angefragt, und dann ist eine spezielle supervisorische Qualität erforderlich: einen sauberen Vertrag zu machen. Diese Thematik wird im Abschnitt 3.5 weitergeführt.

Diese Kompetenz ist eine derer, die supervisorisch-fachliches Handeln auszeichnet. Zur supervisorischen Haltung oder, in einer relativ neuen Bezeichnung, zum supervisorischen Habitus (Aguado 2019; Grawe u. Aguado 2021) gehört außerdem, den Kontakt zwischen einem ratsuchenden Professionellen und dem Anbieter einer professionellen Beratung zu gestalten. Weiter gehört dazu, die eigene methodische Ausrichtung – sei es z. B. die psychoanalytische Orientierung von Almut Aeppli (s. Abschn. 4.5), die transaktionsanalytische von Margot Ruprecht oder die themenzentriert-interaktionelle von Sabine Kvapil – für die Klientel transparent und nachvollziehbar zu machen. Ebenso wichtig ist Prozesskompetenz, d. h. die Kompetenz, soziale Prozesse

Begriff / zu unterscheiden	BERATUNG	FÜHRUNG
ANMERKUNGEN ZUR BEGRIFFSVERWENDUNG	Begriffliche Unschärfe, weil heute verwendet als Überbegriff für eine Vielzahl methodischer Ansätze.	Im sozialpsychologische Bereich andere Bedeutung als im Arbeitsleben Übernahme (informeller Führungsfunktionen dur Einzelne oder die Grupp
ZIELE, INHALTE	Aus einem Kontinuum zwischen Expertise (Fachberatung, Gutachten, Vermittlung von Know-how), Prozessberatung (Entwicklung von Möglichkeiten, Ressourcen, Strategien, Planung) und persönlicher Lebens- und Laufbahnberatung. Unterbegriff: Prozessbegleitung; bedeutet eine stärker zurückgenommene Funktion des Beraters.	Erfüllung von Arbeit in arbeitsteiliger Gesellsch mit hierarchischen Stru ren. Verhaltenslenkung vorgegebenes oder vere bartes Ziel. Verantwortu für delegierte Aufgaben.
ROLLEN, VERANTWORTUNG	Klient/Kunde ist Auftraggeber und verantwortlich für das Gelingen; Verantwortung bleibt bei ihm. Berater initiiert Prozesse, auf die sich der Klient einlassen muss. Kann nur mit einem gewissen Maß an Freiwilligkeit gelingen. Verantwortung des Beraters liegt darin, dass das Verhalten des Klienten der Zielsetzung entspricht und alles Handeln durch Vereinbarungen abgedeckt ist.	Mit definiertem Gefälle sind die Positionen von Führungskraft und Gefü ten beschrieben. Eindeu Übernahme von Verant tung, mit möglicher De tion. Die Führungskraft vorgegeben, nicht zu wä len, sie ist im Rahmen v Delegation für Produkt Personal verantwortlich belohnende und bestra de Sanktionsmechanisr zur Verfügung.

Tab. 1: Unterschiede, die Unterschiede machen

LEITUNG	MODERATION	TRAINING
·ifache Verwendung: ührung ohne Per- onalverantwortung. .ußerdem unscharf: eamleitung (= eigentlich ührung); leitender An- estellter i. S. erweiterter .ompetenz. ormelle Leitung von ;ruppen im Lern- und herapiebereich.	Begriff ist okkupiert durch die Firma Neuland, ist aber weiter zu fassen.	Zu unterscheiden ist (neben der Verwendung im Sport) zwischen: 1) inhaltlich strukturierten (Rhetorik-, Kommunikations- u. a.) Verhaltenstrainings und 2) gruppendynamischen Trainings i. e. S.
/ie bei Führung. rreichung vorgegebener, ı einer Ausschreibung enannter oder verein- arter persönlicher und ıchlicher (Lern-)Ziele in nd durch die Gruppe in ädagogik, Sozial- und sychotherapie, Aus-, ort , Weiterbildung.	Leitung einer (oder mehrerer) Sitzung(en); oft bei konflikthaften Konstellationen.	1) Erwerb spezieller Verhaltenskompetenzen, speziellem Wissen und Können; Inhalte werden über strukturierte Situationen geübt. 2) Über Selbsterfahrung in der Gruppe werden personnahe, für Sozialverhalten wichtige Haltungen/Einstellungen trainiert, ein Lern- und Entwicklungsprozess ist angestrebt.
'ie bei Führung, aber hne Sanktionsmöglich- eiten; auch als fachliche ihrung bezeichnet; ıeist in Projektorgani- ıtionen, Projektleiter ıt formelle inhaltliche erantwortung. ·ozessabhängig; wan- elt sich von mehr zu eniger bei zunehmen- er Partizipation.	Anfrage von außen für begrenzte Hilfestellung in einem gegebenen System. Moderator bleibt sachlich neutral, nimmt keine inhaltliche Stellung, dient dem Klientsystem durch Angebot geeigneter Kommunikationsformen: Fachmann für Kommunikation. Verantwortung für Inhalte bleibt beim Klientsystem.	1) Trainer kennt Inhalte und Methoden; Verhältnis Trainer/Auszubildender; Lehrer/Lernender; Instruktor/Übende, Zuhörende. 2) Strukturierung versagend; Selbstorganisation der Gruppe, Auseinandersetzung und Reflexion ermöglichende Rolle. Trainer ist Gegenüber der Gruppe, weder drinnen noch draußen. Ausgeschrieben oder von Organisation angefragt.

Begriff / zu unterscheiden	BERATUNG	FÜHRUNG
MACHT	Keine formelle Macht, je nach Beziehung wenig bis sehr viel informelle.	Formal festgelegt mit Sanktionsmöglichkeiten Informelle Autorität mu durch Kompetenz erwor werden.
SYSTEMZUGEHÖRIGKEIT	Berater wird von außen ins System geholt, angefordert.	Führungskraft und Gefü sind Teil desselben daue haften Systems.
ZEITASPEKT	Berater ist temporärer Partner eines dauerhaften Systems.	Auf unbestimmte Zeit, dauerhaft.
BEZIEHUNG	Geprägt durch gegenseitige Wertschätzung, »auf Augenhöhe«; Berater wahrt für seine Tätigkeit notwendige Distanz zum System. Verschiedene Rollen und Funktionen in dieser Grundbeziehung möglich: Beobachter, Hebamme, Kritiker, Experte, Augenöffner ...	Geht prinzipiell auch »ohne«; gelingt besser, wenn Führungskraft au informelle Autorität un Vertrauen genießt.
METHODEN Für alle: Methodenkoffer		Vorgabe/Vereinbarung Zielen – Delegation – A führung – Kontrolle Führungsstile: aktiviere motivieren, Personalen wicklung (PE).

Tab. 1 (Forts.): Unterschiede, die Unterschiede machen

LEITUNG	MODERATION	TRAINING
‹eist formal gegeben, ber beschränkt; muss ›rworben werden. ‹eine bis wenig formale; ›raucht gruppendynami-che Kompetenz.	Keinerlei formale; Steuerungsmacht durch kommunikative Kompetenz.	Begrenzte formelle; Steuerungsmacht durch kommunikative Kompetenz.
‹ie bei Führung. eiter schreibt Gruppe us, wird von Institution ›nit Führung beauftragt der von außen geholt; ‹itkonstruierender eines emporären Systems.	Wie bei Beratung.	Trainer angefragt; Trainer und Teilnehmer bilden ein temporäres Lernsystem mit unterschiedlichen Rollen; System entsteht im Prozess.
›ch Projektziele zeitlich chränkt; Projektgruppe et temporäres System ›erhalb der Linie.	Zeitlich eng begrenzt für eine Sitzung/eine Serie von Sitzungen.	Kurzfristig, zeitlich begrenzt, etwa zwischen 1 und 5 Tagen.
›raucht Vertrauen und önnen des Leiters, ›ruppenprozess über as Thema zu steuern nd dadurch Autorität zu ewinnen. ntwickelt sich im Pro-essverlauf.	Moderator bleibt distanziert, auf Sachebene; integriert, gleicht aus, hilft, besser wahrzunehmen, fördert alternative Sichtweisen, sorgt für Transparenz.	Mit für die Zielerfüllung notwendiger Distanz: 1) auf der Inhalts/Rollenebene bleibend, um Übertragungen zu minimieren; 2) verändert sich im Prozessverlauf von Distanz zu angemessener Nähe.
Führung außer PE, delung von Energien; n Faden, Richtung en.		1) Aktivierende, trainierende Kompetenz, mit begrenzter Selbsterfahrung. 2) Instrumentarium der angewandten Gruppendynamik.

ergebnisoffen zu gestalten. Der Supervisor muss nicht Fachexperte im Feld der Klientel sein – er ist verantwortlich für den Kommunikationsprozess und somit Fachexperte für gelingende Kommunikation. Das bedeutet auch, mit Neugier, einer fragenden Haltung, einer Haltung des Nichtwissens und einer Allparteilichkeit die Verantwortung für die *Inhalte* und *Ergebnisse* bei der Klientel zu lassen:

> »Vor allem Kompetenz und Habitus unterscheiden supervisorische Beratung und Coaching von Fachberatung und Angeboten der Lebenshilfe. Supervisor*innen und Coaches der DGSv gestalten mit ihrer Kundschaft anspruchsvolle Beratungsprozesse. Sie legen Wert auf Klarheit im Kontrakt, etablieren eine tragfähige Arbeitsbeziehung und orientieren sich am Auftrag und den vorhandenen Ressourcen« (verfügbar unter: www.dgsv.de/dgsv/supervision/konzept/ [2.2.2022]).

Das Spannungsfeld, in dem diese Arbeit stattfindet, hat Wolfgang Weigand, langjähriger Erster Vorsitzender der DGSv, vor vielen Jahren in einem immer noch gültigen, von der DGSv in ihrer oben zitierten Selbstdarstellung veröffentlichten zentralen Schaubild zusammengefasst, das die Komplexität supervisorischen Handelns deutlich zeigt.

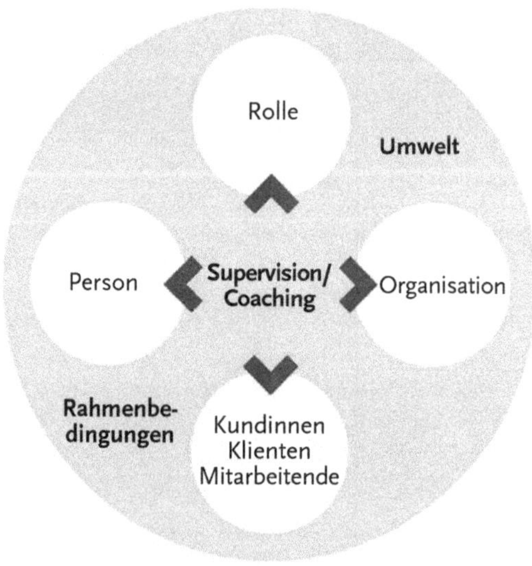

Abb. 9: Spannungsfeld der Supervision. DGSv in Anlehnung an Weigand (siehe: www.dgsv.de/dgsv/supervision/konzept/ [2.2.2022])

Supervisoren und Supervisorinnen sind entweder Freiberufler, die auf dem Markt anbieten oder angefragt werden, oder sie sind als Interne in einer Organisation voll oder teilzeitangestellt für Supervision und verwandte Aufgaben wie Personalberatung, Fort- und Weiterbildung. Die mit beiden Organisationsformen verbundenen Chancen und Schwierigkeiten sind in unserem Kontext ein Nebenthema.

Bedeutsam hingegen ist etwas, das in den »Ethischen Leitlinien« der Gesellschaft (vom 15.11.2003; verfügbar unter: www.dgsv.de/dgsv/ethische-leitlinien/ [2.2.2022]) betont wird:

> »Die menschliche und fachliche Qualität von Beratungs-, Forschungs- und Ausbildungsprojekten hat Vorrang vor ökonomischen Interessen.«

Zwar werden Organisationen genannt, für die sich eine Arbeit verbietet (rassistische, sexistische usw.), was allerdings nicht genannt wird, ist eine Tatsache, mit der es wohl jeder Supervisor, der für eine Teamsupervision angefragt wird, über kurz oder lang zu tun bekommt: dass die Anfrage eine Deckadresse ist für Defizite der anfragenden Organisation. Supervision wird einem Team nicht selten genehmigt oder sogar verordnet zu dem Zweck, damit prekäre bis unhaltbare Arbeitsverhältnisse von Mitarbeiterinnen zu beschönigen. Gerade bei Anfragen, die große Teams betreffen, wird Supervision z. B. dafür missbraucht, große und damit auch wenig kontinuierliche Teams »ruhigzustellen« und das zu begründen mit »Aber die bekommen ja Supervision!«. Es gehört dann zur Professionalität des Supervisors, im Kontrakt klarzustellen, ob diese Anfrage legitim und anzunehmen ist (vgl. Abschn. 4.4). Ebenso, wenn deutlich wird, dass der Supervisor Führung übernehmen und für eine schwache Führungskraft einspringen soll.

Teams sind in der überwiegenden Mehrzahl Teile oder Subsysteme einer Organisation; das ist ein wesentlicher Unterschied zwischen Gruppe und Team. Das selbstständige Architektenteam, das seine Kooperationsfähigkeit verbessern will und Supervision anfragt, ist eher die Ausnahme.

3.3 Eine supervisorische Vorgehensweise

Diesem relativ trockenen Definitionsteil soll eine praxisnähere Sequenz mit einer Vorgehensweise folgen, die so etwas wie mein Lieblingsmuster geworden ist. Es ist nicht erforderlich, in diesem Kontext

Grundlagen der Fallarbeit und Fallsupervision oder sämtliche anderen Vorgehensweisen darzustellen – das ist bei Lippmann (2004), König und Schattenhofer (2017) und anderen bestens erfolgt. Aber ich möchte eine Variante aufzeigen, die zwar viele Ähnlichkeiten mit anderen Vorgehensweisen (z. B. Raguse 1998) hat, sich in zwei wesentlichen Punkten aber unterscheidet. Es sind Schritte, die etwas mehr vom Spiegelungsphänomen (s. Abschn. 5.3) und anderen unbewussten Vorgängen sichtbar machen können: dass zum einen als allererste Reaktion auf die Erzählung des Fallgebers eine spontane emotionale Resonanz erfolgt und dass zum zweiten eine Entscheidung darüber erfolgt, ob der Fallgeber »drinnen« oder »draußen« ist.

Das Vorgehen ist zusammen mit Rudi Ballreich entwickelt und an anderen Stellen detailliert beschrieben (Antons et al. 2019, Abschn. 9.9.2; Ballreich u. Glasl 2011), weshalb hier eine Kurzversion des Ablaufes genügen mag. An sich für »normal große« Supervisionsgruppen entwickelt, hat es genügend Stellhebel dafür, es auch in großen Kleingruppen anzuwenden – zum Beispiel durch Arbeit in einer Innen- und Außengruppe.

Die Aufgabe des Supervisors ist in erster Linie die Steuerung des Prozesses. Ob er (oder sie) sich, über die Moderatorenrolle hinausgehend, inhaltlich mitbeteiligt, ist der eigenen Kompetenz überlassen: Traue ich mir zu, fließend und mit klarer Ansage, welchen »Rollenhut« ich gerade aufhabe, neben der Moderation des Prozesses mich auch inhaltlich als Mitsupervisor einzuschalten?

Einen Kontrakt schließen (ca. fünf Minuten)

Der Ratsuchende (auch als Fallgeber bezeichnet) sagt, welche Fragestellung er einbringen will, und klärt, ob ihn die Gruppe beratend unterstützen will. *Er kann sich fragen:*

Bin ich wirklich motiviert, an der Fallsituation zu arbeiten?

Habe ich eine echte Frage, ein echtes Anliegen an die Gruppe?

Bin ich bereit, mir etwas sagen zu lassen?

Habe ich Vertrauen, dass die anderen bereit sind, mir zu helfen?

Bin ich zuversichtlich, dass mich die anderen trotz meiner »Schwäche« respektieren?

Die Gruppenmitglieder können sich fragen:

Bin ich an der Person und am Problem des Ratsuchenden wirklich interessiert?

Bin ich bereit und in der Lage, aufmerksam zuzuhören und meine Wahrnehmungen zur Verfügung zu stellen?

Bin ich bereit, mich konstruktiv mit dem vorgetragenen Anliegen zu befassen?

Falls Störungen vorhanden sind, sollten sie geklärt werden. Es wird verabredet, wie viel Zeit für die Beratung zur Verfügung stehen soll.

Darstellung der Problemsituation – Die emotionale Resonanz beobachten (ca. 15 Minuten)

Der Fallgeber erzählt. Die Problemsituation sollte dabei den Zuhörenden plastisch und anschaulich vor Augen geführt werden.

Ohne durch Fragen zu unterbrechen, hört die Gruppe aufmerksam zu und achtet dabei auf die Reaktionen und Impulse in der eigenen Seele (Mitgefühl, Identifizierungen, Ablehnung, Verwirrung, Ärger, Fantasien etc.). Manchmal sind auch körperliche Reaktionen erlebbar (Druckgefühle, Verspannungen etc.). Es kann hilfreich sein, auf einem Blatt mit zwei Spalten sich einerseits die wichtigsten Informationen und andererseits die wichtigsten Innenbeobachtungen zu notieren.

Feedback der emotionalen Resonanz an den Ratsuchenden (ca. fünf Minuten)

Die Gruppenmitglieder haben zunächst Zeit nachzuspüren, wie ihre Gefühlsresonanz auf die Darstellung aussieht. Nacheinander erzählt dann jedes Gruppenmitglied, welche Reaktionen durch die Falldarstellung ausgelöst wurden. Hier geht es nicht um Deutungen oder Handlungsvorschläge, sondern nur um die Mitteilung der eigenen Innenbeobachtungen, d. h. der persönlichen Reaktionen.

Der Fallgeber hört aufmerksam zu und achtet darauf, was die einzelnen Mitteilungen bei ihm auslösen. Wenn ihm etwas unklar ist, kann er Verständnisfragen stellen. Auf keinen Fall sollte an dieser Stelle eine Diskussion entstehen. Der Ratsuchende soll sich weder erklären noch rechtfertigen.

Rückmeldung des Ratsuchenden, wie die Feedbacks angekommen sind (ca. fünf Minuten)

Der Ratsuchende nimmt sich Zeit, um nachzuspüren, was diese Aussagen bei ihm bewirken. Er kann dabei von der Frage ausgehen: »Was sagen mir diese Rückmeldungen über mein Problem?« Er teilt der Gruppe mit, welche Gedanken, Gefühle oder Handlungsimpulse durch die Rückmeldungen bei ihm angeregt wurden, was ihm vielleicht schon klar geworden ist und ob sich eventuell die Fragestellung verändert hat.

Informationsfragen stellen (maximal zehn Minuten)

Wenn es nötig ist, kann die Gruppe jetzt durch gezieltes Nachfragen ihre Sicht auf die Situation vervollständigen. Der Fallgeber beantwortet die Fragen möglichst präzise und knapp. Was nachgefragt wird, gibt oft weitere Hinweise auf das Problem. An dieser Stelle soll noch keine Diskussion stattfinden, sondern nur eine Frage-Antwort-Runde. Es sollten auch keine Fragen gestellt werden, die schon verkappte Deutungen oder Lösungsvorschläge enthalten! Da braucht es oft eine bremsende Intervention der Moderatorin.

Klärung, ob mit oder ohne Ratsuchenden beraten werden soll (drei bis fünf Minuten)

Es gibt die Möglichkeit, mit dem Ratsuchenden gemeinsam zu beraten oder ihn als Zuhörer an der Beratung teilnehmen zu lassen. Welches Vorgehen die Gruppe und der Fallgeber wählen, sollte von Fall zu Fall überlegt und entweder vom Moderator vorgeschlagen oder mit der Gruppe gemeinsam besprochen werden. Oft wird erst durch die Situationsschilderung des Ratsuchenden klar, welches Vorgehen passender ist.

Der Ratsuchende hört der Gruppenberatung zu:

Wenn der Fallgeber z. B. sehr »verstrickt« ist mit der Situation, kann es für ihn hilfreich sein, in der folgenden Beratungsrunde außerhalb des Stuhlkreises dabeizusitzen und von außen zu hören, wie die Gruppe über ihn und seine Situation denkt. Weil er nicht selbst mitdiskutiert, ist er freier im Zuhören. Er erlebt sehr deutlich, welche »Wellen« seine Schilderungen bei den anderen schlagen. Das Gespräch kann ihn mehr berühren und er kann sich und sein Tun wie von außen sehen. Für die Gruppe hat dieses Vorgehen außerdem den Vorteil, dass sie sich nicht so sehr von der Sichtweise des Falldarstellers beeinflussen lässt.

Der Ratsuchende ist in das Gespräch einbezogen:

Wenn der Ratsuchende Zuwendung und Unterstützung braucht oder wenn der Eindruck besteht, dass er noch gar nicht richtig dran ist an seinem Problem, kann es sinnvoll sein, ihn am Gespräch zu beteiligen. Er ist dadurch näher mit der Gruppe verbunden und sitzt nicht »daneben«. In manchen Situationen ist das psychologisch wichtig! Außerdem kann sich seine Fragestellung im Laufe des Gesprächs verändern, und die Gruppe kann mit ihm dann gemeinsam in die neue Richtung denken. Für die Gruppe hat dieses Vorgehen den Vorteil, dass sie sich nicht so leicht auf »Nebengleis« verirren kann. Die Gefahr ist dabei allerdings, dass die Gruppe durch den Falldarsteller auf »Nebengleis« geführt wird!

Wenn die Gruppe ohne den Ratsuchenden berät, sollten am Ende nach Möglichkeit eindeutige Veränderungsvorschläge stehen. Wenn der Ratsuchende am Gesprächsprozess aktiv beteiligt ist, sollten mit ihm gemeinsam seine nächsten Handlungsschritte herausgearbeitet werden. Manchmal ist allerdings eine neue Sicht auf die Problemsituation das entscheidende Ergebnis einer Besprechung. Dann ist es nicht unbedingt nötig, auch nach neuen Handlungsmöglichkeiten zu schauen.

Der Beratungsprozess: Diagnose der Ist-Situation (ca. 15 Minuten) – Handlungsschritte entwickeln (ca. 15 Minuten)

In diesem Kernstück der Intervision, im eigentlichen Beratungsprozess, geht es darum, mit dem Verständnis in die Tiefe zu kommen und neue Handlungsansätze zu entwickeln. Wichtig ist dabei vor allem die Gliederung des Vorgehens in zwei Schritte:

Durch diagnostisches Fragen, durch das Ordnen der Informationen und durch das Suchen von erklärenden Gedanken kann die Gruppe versuchen, die Ist-Situation zu verstehen.

Durch Überlegungen zum zukünftigen Handeln des Ratsuchenden können seine Motive und Zielsetzungen hinterfragt und geklärt werden. Veränderungsschritte und Handlungsmöglichkeiten können diskutiert werden. Sitzt der Ratsuchende draußen, ist eine Handlungsempfehlung der Gruppe sinnvoll, etwa: »Wir an Deiner Stelle würden folgende Schritte ...«

Abschließende Stellungnahme des Fallgebers (ca. fünf Minuten)

Wenn das Gespräch an ein Ende gekommen ist, sollte der Ratsuchende in Ruhe in sich nachspüren, was in ihm ausgelöst wurde, was ihn beschäftigt, wie er zu den vorgeschlagenen Handlungen oder Änderungsschritten steht, was er davon annehmen kann, was nicht etc.

Wenn es passend ist, kann er an dieser Stelle vorgeschlagene Änderungen auch einüben, z. B. in einem Rollenspiel.

Als abschließendes Feedback zum ganzen Prozess sagt er, wo er mit seiner Fragestellung jetzt steht.

3.4 Gruppe und Team – die feinen Unterschiede

Abb. 10: Alles das ist noch nicht Gruppe oder Team

Da große Kleingruppen vorwiegend als Teams in Organisationen auftauchen, bedarf es weiterer definitorischer Abgrenzungen. Wenn auch manche Menschen die Begriffe synonym verwenden, gilt es, Gruppe und Team zu unterscheiden. Es gibt zwar eine große Schnittmenge beider Sozialkonfigurationen, sie haben eine gewisse Verwandtschaft, aber sie unterscheiden sich doch in einigen grundlegenden Aspekten, sodass eine Differenzierung beider Begriffe Sinn ergibt. Vereinfacht und pointiert könnte man sagen: Teams produzieren, Gruppen lernen (wenn man auch Therapie als eine spezielle Form des Lernens betrachten will). Etwas nuancierter wird dies, wenn man gängige Definitionen von Gruppe und Team gegenüberstellt.

Zunächst lässt sich Gruppe als der übergreifende Begriff verstehen, mit dem manchmal soziologisch auch Klassen und Kategorien bezeichnet werden: die Gruppe der VW-Fahrer usw. Und auch was auf Abbildung 10 zu sehen ist, wird oft als Gruppe bezeichnet – in unserem Sinne sind aber weder eine Reihe nebeneinandersitzender Kinder, eine Truppe marschierender Hobbysoldaten (die es in Ungarn gibt) noch an einer Bushaltestelle Wartende als Gruppe zu bezeichnen. Dazu braucht es etwas, das Kurt Lewin einmal als das Wesentliche beschrieben hat:

> »Nicht die Ähnlichkeit, sondern eine gewisse Interdependenz ihrer Glieder konstituiert eine Gruppe« (Lewin 1939, S. 184; vgl. Stützle-Hebel u. Antons 2017, S. 36 f.).

Das besagt, dass die Beziehungen innerhalb der Gruppe wichtiger geworden sind als die Beziehungen der Mitglieder nach außen. Die Beziehungen untereinander werden wichtiger, weil die gegenseitige Abhängigkeit im Sinne von Beeinflussbarkeit größer ist. Diese Interdependenz, die gegenseitige Abhängigkeit der Teile eines Ganzen, wird Kohäsion genannt und ist der »Kitt«, der eine Gruppe zusammenhält – mehr als äußere Ähnlichkeiten.

Im Standardwerk von Rechtien (1992, S. 13; sinngemäß ähnlich bei König u. Schattenhofer 2006, S. 15) ist eine Definition von Gruppe enthalten, die wahrscheinlich die Zustimmung der meisten gruppendynamischen Fachleute erhalten dürfte, obwohl sie die relative Kleinheit bis 25 Personen ausdehnt, und weil das »Face-to-Face-Prinzip« zumindest seit 2020 auch nicht mehr seine volle Gültigkeit haben dürfte.

> »Unter einer Gruppe im sozialpsychologischen Sinne wird im Allgemeinen eine Anzahl von miteinander in Beziehung stehenden Menschen verstanden, die durch die folgenden Merkmale charakterisiert ist:
>
> - relative Kleinheit (drei bis ca. 25 Personen). Eine Dyade, also eine Gesamtheit von zwei Personen, wird gelegentlich ebenfalls als (Zweier-) Gruppe bezeichnet, unterliegt aber hinsichtlich der Beziehungskonstellationen, die in ihr möglich sind, besonderen Bedingungen. So gibt es z. B. nicht die Möglichkeit zur Bildung von Untergruppen oder wechselnden Paarbeziehungen, die in Gruppen ab drei Personen möglich sind. Dyaden werden daher meist von Gruppen unterschieden.
> - unmittelbarer (Face-to-Face)Kontakt zwischen den Gruppenmitgliedern, im Gegensatz zu vermitteltem Kontakt etwa durch Briefe, Telefon oder andere Medien
> - gemeinsame Ziele und Werte der Gruppenmitglieder
> - Rollen, Funktionen und Positionen, die aufeinander bezogen sind und die die Prozesse in der Gruppe und bis zu einem gewissen Grad auch das Verhalten der Gruppenmitglieder steuern
> - relatives Überdauern. So etwas wie ein Mindestzeitraum kann dabei allerdings nicht angegeben werden; die für Gruppen typischen Phänomene treten jedoch bei längerem Bestehen deutlicher zutage« (Rechtien 1992, S. 13).

In unserem Kontext geht es nun nicht um Gruppen im Allgemeinen wie Freundesgruppen oder Vereine, sondern um Gruppen, die dem sozialen Lernen dienen und dafür möglichst gute Voraussetzungen schaffen sollen. Es geht um Lerngruppen in der Erwachsenenbildung, in Aus-, Fort- und Weiterbildungen. Diese Gruppen sind in der Regel geschlossene Gruppen, die für eine begrenzte Zeit miteinander lernen und sich dann wieder auflösen. Oliver König machte mich in einer persönlichen Mitteilung darauf aufmerksam, dass sich solche Gruppen von Beginn an bereits in Auflösung befinden. Das kann ich bestätigen – solche Lerngruppen habe ich von Beginn an stets auf das in einer definierten Zeitspanne bevorstehende Ende hingewiesen. Bei Supervisionsgruppen ist das nicht unbedingt der Fall. Sie werden meist mit einem zeitlich befristeten, oft jährlichen Kontrakt geschlossen, der verlängert werden kann, wobei Mitglieder ausscheiden und neue hinzukommen können, was dem Prinzip der Slow Open Group entspricht. Die Mitgliedschaft ist, wenn nicht gerade die Supervision im Rahmen einer Ausbildung Pflichtbestandteil ist (s. Abschn. 3.2), in der Regel freiwillig.

Idealerweise haben die Teilnehmenden einer solchen Lern- oder Supervisionsgruppe beruflich wie privat nichts miteinander zu tun. Sie verbindet ein fachliches Interesse oder ein gemeinsames Berufsfeld, aber nicht ein gemeinsamer Arbeitgeber. Diese relative Anonymität soll es ermöglichen, dass ohne Angst vor Auswirkungen auf Beruf wie Privatleben persönliche Informationen wie auch Konflikthaftes in und mit der Gruppe geteilt werden können. Scham und andere peinlichen Gefühle dürfen sein, wenn man sich nicht am nächsten Tag im Arbeitskontext, eventuell mit einem Hierarchiegefälle, begegnet. Das ist der Vorteil dessen, was in der Gruppendynamik mit »Stranger Group« bezeichnet wird (vgl. König u. Schattenhofer 2017, S. 43 f.).

Die Mitglieder einer solchen Lern- oder Supervisionsgruppe sind nur zu Beginn »Strangers«. Im Verlaufe des Gruppenlebens, im Durchleben der Entwicklungsschritte kommen sie sich – in den meisten Fällen – näher. Was bleibt und durchzuleben ist, gerade bei großen Kleingruppen, sind die in Kapitel 1 beschriebenen unangenehmen Gefühle der Anfangssituation. Bei einer psychoanalytisch geführten Therapie- und Supervisionsgruppe mag das Gebot, sich außerhalb der Sitzungen nicht zu treffen, dazu beitragen, sich leichter zu öffnen. Die Realität der allermeisten Supervisionsgruppen ist allerdings die, dass sich sehr bald ein reges informelles Leben einstellt, bei gemeinsamer An- und Abreise, in den Pausen beim Kaffee, bei gemeinsamen Spaziergängen oder beim abendlichen Wein- und Biergenuss – unter gruppendynamischer Perspektive ein ausgesprochen wichtiger, kohäsionsfördernder Teil des Gruppenlebens, der hilft, die anfängliche Fremdheit mit den begleitenden unangenehmen Gefühlen zu überwinden.

Kann offen angesprochen werden, dass es für alle zunächst unangenehm sein mag, in einer größeren Gruppe zu sein und sich dort zu exponieren, reduziert sich das, was als der (in Abschn. 1.3 beschriebene) »böse« Aspekt der großen Gruppe erlebt wird. Dann besteht die Chance, dass über die unausweichlichen Phasen der Gruppenentwicklung Vertrauen entsteht, Rollen sich differenzieren, Normen und Spielregeln entstehen bzw. ausgehandelt werden können. Ebenso wächst die Bereitschaft, in einem geschützten Rahmen sich zu zeigen, Neues auszuprobieren, sich mit seinen Schwachseiten zu zeigen.

Anders ist das bei der Supervision von Teams. Teams haben eine gemeinsame, in der Regel von außen gesetzte Aufgabe und Arbeitsziele, die sie nur arbeitsteilig *und* in gegenseitiger Abstimmung und

Zuarbeit erledigen können. Meist finden sich die Mitglieder im Auftrag ihres Arbeitgebers in der Supervision zusammen, um ihre Arbeit im Team und/oder ihre Arbeit mit ihrer Klientel zu reflektieren und zu verbessern. Entsprechend wird das eine meist »Teamsupervision«, das andere »Fallsupervision« genannt.

Ein solches Team stellt ein relativ dauerhaftes soziales System dar, mit eigenen Normen, Rollen und Funktionen. Dabei gibt es Teams, die die meiste Zeit im Arbeitsalltag miteinander verbringen und die wenigste in der Supervision – aber auch solche, die sich nur in der Supervision vollständig sehen. Für die Ersteren gilt, dass ein solches Team viel Zeit hat, Dynamiken aufzubauen, sich zusammenzuschweißen oder auch zu zerstreiten. Die Gruppenphasen von Sich-miteinander-Auseinandersetzen, Zueinanderfinden, Leistungserbringung etc. wiederholen sich mit jedem personellen Wechsel im Team und mit jeder Änderung der Rahmenbedingungen. Was hier in der Supervision gesagt wird, hat direkten Einfluss auf die tägliche Arbeit, somit neigen die Menschen in Teamsupervisionen dazu, eher überlegt zu sprechen und eigenen Impulsen nicht direkt nachzugehen (vgl. König u. Schattenhofer 2017, S. 46). Zu groß scheint das Risiko, die Auswirkung auf den Arbeitsalltag nicht abschätzen zu können, nicht zu wissen, was die anderen darüber denken oder aus dem Gesagten machen.

Das größte »Team«, das mich je um Supervision angefragt hat, war ein Lehrerkollegium mit etwa 60 Personen. Die Rektorin stellte ihr Kollegium mit den Worten »Wir sind ein Team« vor. Meine spontane, ungebremste Reaktion »Warum wollen Sie sich das antun?« führte nicht dazu, dass ich gleich rausgeworfen wurde, sondern zu lautem Gelächter. Ich habe dann längere Zeit mit diesem Kollegium produktiv gearbeitet und konnte helfen, dass sie sich von dem Zwang befreien konnten, unbedingt ein Team sein zu wollen. Daran wird deutlich, dass der Teambegriff leicht ideologisiert werden kann, gewissermaßen als »Benimmregel« dient.

Wahren (1994, S. 41) definiert Team so:

> »Unter einem Team soll eine
> kleine, funktionsgegliederte Arbeitsgruppe
> mit gemeinsamer Zielsetzung,
> relativ intensiven wechselseitigen Beziehungen,
> einem ausgeprägten Gemeinschaftsgeist
> sowie einem relativ starken Gruppenzusammenhalt unter den Mitgliedern
> und damit einer spezifischen Arbeitsform verstanden werden.«

Deckungsgleich ist in bei dieser und der Definition von Gruppe die »relative Kleinheit«; die Minimalgröße unterscheidet sich allerdings: Zwei Personen können bereits ein (unter Umständen sehr effizientes!) Team sein, hingegen begrenzt Rechtien zu Recht die Gruppe nach unten auf drei Mitglieder. Während unter bestimmten Rahmenbedingungen eine Gruppe mit 25 Mitgliedern funktionsfähig sein kann, stehen sich ebenso viele Mitglieder eines Teams wahrscheinlich gegenseitig auf den Füßen herum oder kommen gar nicht zu einer gemeinsamen Arbeit. Der »Face-to-Face-Kontakt« ist bei der Teamdefinition zwar nicht explizit formuliert, liegt aber durch die Formulierungen »relativ intensive wechselseitige Beziehungen«, »Gemeinschaftsgeist« und »relativ starker Gruppenzusammenhalt« nahe – Phänomene, die auch erst bei einem »relativen Überdauern« möglich werden und nicht von Beginn an vorhanden sind.

Teams werden eindeutig als »funktionsgegliederte Arbeitsgruppe« mit »spezifischer Arbeitsform« bezeichnet, während die gemeinsamen Ziele einer Gruppe sich nicht auf zu leistende Arbeit beziehen müssen.

»Gemeinschaftsgeist und Gruppenzusammenhalt« werden in der Definition von Gruppe *nicht* genannt – sie sind keine Voraussetzung von Gruppe, können sich hingegen im Verlauf der Entwicklung einer Gruppe einstellen. Gruppen benötigen gemäß Ruth Seliger (2020, S. 13) lediglich »eine gemeinsame Aufgabe oder ein sie verbindendes Thema«.

Hingegen ist ein »dynamisches Rollengefüge« für Gruppen charakteristisch, während für Teams eine »Funktionsgliederung« geeigneter scheint. Dies meint, dass Teammitglieder die anfallende Arbeit unter sich aufteilen und verschiedene Fachleute, Hierarchiestufen und organisationale Rollen zusammenarbeiten. Teams sind aber auch »Gruppe«, entwickeln somit auch ein »dynamisches Rollengefüge« und müssen das mit den organisationalen Anforderungen in Einklang bringen. Die Arbeit am gemeinsamen Ziel erfordert kontinuierliche Abstimmung und Zusammenarbeit im Prozess der Zielerreichung. Damit sind die einzelnen Mitglieder bei ihrem Beitrag zum Ganzen von allen anderen abhängig im Sinne der lewinischen Interdependenz – oder der Mobile-Metapher von Virginia Satir: Ändert sich bei Person A etwas, etwa ein Arbeitsfortschritt, dann ändert das bei allen etwas und hat Auswirkungen auf ihre Arbeit. Um vorzugreifen: Teamentwicklung heißt, das zu erkennen, zu verstehen und zu nutzen (ich danke Monika Stützle-Hebel für diese Gedankenverbindung).

Diese Überlegungen machen deutlich, warum es keine Teams mit 60 Lehrpersonen geben kann. Die Zahl der gegenseitigen Abhängigkeiten steigt mit jeder zusätzlichen Person asymptotisch an. Die Zahl der Beziehungen in beide Richtungen heißt nx (n-1).

So wie die Bilder von Abbildung 10 »Alles noch keine Gruppe« illustriert haben, sei zu »Alles noch kein Team« folgende Gegenüberstellung wiedergegeben.

Ein Team ist noch kein Team, wenn …	Ein Team wird erst zum Team, wenn …
• Mitarbeitende in einer Organisation lediglich durch Bürogemeinschaften und Infrastruktur miteinander verbunden sind	• nebst den persönlich zugeteilten Aufgaben auch gemeinsame Leistungen erbracht werden
• Mitarbeitende je individuell bestimmte Aufgaben erfüllen, Dienstleistungen erbringen, ohne sich gegenseitig darüber zu informieren und regelmäßig auszutauschen	• ein Hauptziel (gemeinsamer Auftrag) umschrieben ist, dem sich alle Beteiligten verpflichtet fühlen – auch in der Spannung zu persönlichen bzw. funktionsspezifischen Zielen
• keine Aufgaben da sind, die mit vereinten Kräften und nach gemeinsam vereinbarten Kriterien gestaltet werden	• die Nutzung des gemeinsamen Potenzials (Ideen-, Lern- und Konfliktpotenzials) in der Arbeits- und Zeitplanung einen hohen Stellenwert einnimmt
• kein Prozess des (bewussten) Zusammenwirkens der anwesenden Mitarbeitenden angestrebt wird und effektiv stattfindet	• mit angemessenen Strukturen Fragen der Führung, der Rollen- und Aufgabenverteilung, der Arbeitsorganisation und der internen Kommunikation klar geregelt werden
• keine angemessene Zeit für das Gemeinsame budgetiert und wirklich angewendet wird.	• ein bestimmtes Teamklima, ein Wir-Bewusstsein entsteht.

Tab. 2: Ein Team ist noch kein Team …

Die Mitglieder eines Teams müssen also in irgendeiner Weise kooperieren; sie sind Sozialsysteme, die den Anforderungen der sie umgebenden Organisation gerecht werden müssen. Edding und Schattenhofer (2015a) haben dafür den Begriff von unterschiedlichen Graden der »Teamigkeit« geprägt. Er besagt, dass, je mehr aufeinander verwiesen und aufeinander angewiesen die Mitglieder sind, desto mehr es zu regeln und zu steuern gibt.

Zum Schluss dieser Differenzierungsarbeit seien in tabellarischer Form noch einmal die Hauptunterschiede der beiden Sozialkonfigurationen gegenübergestellt.

	Gruppe (hier Lerngruppe)	**Team**
Größe **Min.** **Max.**	 3 12–25	 2 ca. 8
Ziele	Lernen sozialer Kompetenzen	Zusammenarbeit hinsichtlich einer Sachaufgabe
Dauer	prinzipiell begrenzt; 1–3 Jahre	prinzipiell unbegrenzt; meist längerfristig
Rollen	dynamisch wechselnd	langfristig flexibel; Rollen sind aufeinander bezogen und funktionsgegliedert
Hierarchie	Leiterin – Teilnehmer; innerhalb der Teilnehmer informell	meist vorgegeben; Chef – Mitarbeiterin
Kommunikation	Face-to-Face; intensiv auf Lern- und Beziehungsebene	regelmäßig in kürzeren Abständen; auf Sach- und Beziehungsebene
Turnus	blockweise Veranstaltungen	kontinuierlich; regelmäßige Teambesprechung

Tab. 3: Gruppe und Team – die feinen Unterschiede

3.5 Große Kleingruppen

Wie mehrfach erwähnt, bewegen sich viele Supervisionsanfragen im Bereich des »Darf es auch ein bisschen mehr sein?«, so die ursprüngliche Titelidee für dieses Buch. Die Gruppen und Teams unterscheiden sich hinsichtlich Stabilität der Teilnehmer, Interdisziplinarität etc. und sind in ihrer Größe oft schwer zu definieren. Auf Patricia Kramers Anregung hin habe ich den Begriff der *großen Kleingruppe* gewählt. Sie sei definiert als Gruppe oder Team zwischen zehn und 20 Teilnehmern. Eine solche Festlegung wird unterstützt durch ein weit verbreitetes Buch (Krenz 2007, S. 346), das lakonisch postuliert: »Kleingruppen bestehen aus 3–10 Personen, Großgruppen bestehen aus mindesten 20 Personen.« Da liegen die großen Kleingruppen doch richtig gut dazwischen!

Die Frage, wie die Teilnehmer einer Supervision mit acht Personen oder mit 16 die Gruppe und sich in ihr erleben, mögen die folgenden

Abbildungen verdeutlichen. Wie fühlt es sich an in einer Achtergruppe – und wie in einem Kreis mit 16 Stühlen?

© JRO-grafik – stock.adobe.com

Abb. 11: Achter-Stuhlkreis

© Sergey Ilin – stock.adobe.com

Abb. 12: Sechzehner-Stuhlkreis

3.6 Die Bedeutung des Raumes

Die beiden Abbildungen 11 und 12 machen deutlich, dass für die Arbeit mit Gruppen und Teams neben der Teilnehmeranzahl eine weitere Dimension von Bedeutung ist: der Raum.

Welche Bedeutung für die Arbeit mit Gruppen und Teams der Raum hat, sei an zwei sehr unterschiedlichen Texten illustriert. Der erste ist eine selbst erlebte Fallsituation.

Der Rektor einer Schule ruft mich an: Die Schulbehörde habe empfohlen, mit dem Lehrerteam Supervision zu machen. Im Kollegium seien seit einem halben Jahr das Klima und die Zusammenarbeit schlechter geworden. Neue Lehrmittel, Beurteilungssysteme und andere zusätzliche Belastungen hätten einige Lehrerinnen und Lehrer an ihre Grenzen gebracht; dabei sei es zu gegenseitigen Beschimpfungen gekommen; die beiden Beteiligten seien dann krank geworden. So etwas dürfe nie mehr vorkommen, und jetzt vor den Sommerferien steige die allgemeine Belastung wieder an. Ob ich ihnen helfen könne, ohne weitere Kränkungen in die Ferien gehen zu können.

Auf meine Zusage hin kann ein erster Termin in der folgenden Woche gefunden werden. Ich fahre in die Schule, die etwa 200 Schülerinnen und Schüler und ein Kollegium von 18 Lehrerinnen und Lehrer hat. Das Lehrerzimmer in dem etwa 80-jährigen Schulhaus ist so und Lehrer eng, dass nicht mehr als 15 Menschen um den Tisch Platz nehmen können. Zwei Lehrkräfte sind nicht anwesend. Ich selbst finde nur mühsam einen Platz, indem ich mich in eine Ecke quetsche. Nach Bekanntmachen und Eröffnung meiner Vorinformation beginne ich mit der Bitte, dass jede/r die eigene Sicht der Belastungssituation schildert. Folgende relevanten Aussagen werden gemacht:

Herr H. fragt zunächst, ob das nicht besser in Einzelgesprächen gehe. Ich sage, ich sei Gruppendynamiker, und Datenerhebung über Einzelgespräche sei nicht meine Methode.

Herr B., der sich als »fauler Hund« beschimpft fühlt, weil er der Kollegin keine Stunden abgenommen habe, sei nach diesem gegenseitigen Aufrechnen und der Grenzüberschreitung mit den Nerven am Ende gewesen, sei länger krank und in psychiatrischer Behandlung gewesen, stehe jetzt noch unter Medikamenten. Er wolle die ganze Sache nicht nochmals aufrühren, sei froh, dass er halbwegs stabil sei.

Frau S. sagt, sie sei die Grenzüberschreiterin, sie fühlt sich zu Unrecht als Täterin. Sie sehe sich als Teamplayerin, aber sie gebe Fächer mit viel Vor- und Nachbereitungsarbeit. Die zusätzlichen Forderungen hätten sie an den Rand ihrer Belastungsfähigkeit gebracht, sie habe um Hilfe gebeten, aber ihr Hilferuf sei vom Rektor nicht gehört worden. Auch sie sei krank geworden.

Herr K., der Praktikant, findet den Umgang hier zwar freundlich und gut, aber man höre ihm nicht zu, rede um den heißen Brei herum, das Klima sei unverbindlich, Information und Kommunikation liefen schlecht, Absprachen würden nicht eingehalten. Er sei auch krank geworden, habe sich das zunächst selbst zugeschrieben, sehe aber jetzt die strukturellen Probleme.

Herr H. findet, dass zu wenig Austausch ist, die Kultur verändert werden müsse. Die Rolle des Rektors müsse genauer definiert werden.

Herr S. sei nicht direkt betroffen, die Verschlechterung der Gesprächskultur habe ihn wie ein Blitz getroffen. Er leide mit den Betroffenen und wünsche Tipps, wie man mit Feedback, Kritik und Stress umgehen könne.

Herr T., der Rektor, stellt seine Rolle selbst infrage, er wisse auch nicht mehr, was er solle. Er habe halt die Fächer verteilt, und es tue ihm leid, die Hilferufe nicht gehört zu haben, entschuldigt sich bei Frau S. Sie seien halt alle Einzelkämpfer, die versuchten Hospitationsbesuche seien wieder eingestellt worden.

Die Aussagen der anderen Kollegiumsmitglieder nehmen diesen Duktus auf, wiederholen ihn – und manche sagen gar nichts und geben das Wort weiter.

Ich nehme den Auftrag an, betone aber, dass ich nicht garantieren könne, dass wir bis zu den Sommerferien damit fertig würden. Zwei weitere Sitzungen finden in demselben Raum statt, zeitlich eng begrenzt zwischen je zwei Unterrichtsstunden. Mein Eindruck ist, dass ich noch so viel arbeiten kann: Es bewegt sich nichts. Ich gehe selbst in Supervision mit diesem Anliegen. Meinen Kolleginnen und Kollegen kommt sehr bald auch die Frage: *Wo* findet das Ganze statt? Ich schildere die räumliche Situation und löse ein tosendes Gelächter aus: »Erwartest Du, dass sich in dieser Enge und dort, wo sie seit eh und je hocken, etwas bewegt?«

In der vierten Sitzung schildere ich das Erlebnis aus meiner Intervisionsgruppe und schlage vor, das angestammte Lehrerzimmer zu verlassen und einen ganzen Nachmittag in einer Tagungsstätte zu arbeiten. Zu meinem Erstaunen gibt es absolut keinen Widerstand – im Gegenteil, von mehreren kommt: »Daran hatte ich auch schon gedacht!«

Wir treffen uns in einer geräumigen Tagungsstätte in derselben Stadt – und in drei Stunden ist das Problem gelöst, sind neue Formen der Zusammenarbeit vereinbart worden, und alle freuen sich auf die weitere Arbeit.

Loris Malaguzzi, einer der Begründer der frühkindlichen Reggio-Pädagogik, soll den Begriff geprägt haben, dass der Raum (neben den Erwachsenen und den anderen Kindern) der »dritte Pädagoge« sei. Der Raum solle herausfordern, Platz für Kooperation bieten, sowohl geordnet sein als auch die Möglichkeit bieten, dass die Lernenden ihn ergreifen und mitgestalten können. Dieser dritte Pädagoge rede viel mehr im pädagogischen Geschehen mit, als einem lieb sein kann: Das mag durch obige Fallskizze belegt sein (vgl. dazu: https://docplayer.org/33034623-Der-raum-ist-der-dritte-paedagoge.html [16.4.2022]).

Eine eindrucksvolle Analyse der Raumsituation hat zu Beginn des Jahrhunderts Andreas Amann für den offenen Stuhlkreis der gruppendynamischen Trainingsgruppe geliefert, die aber ebenso gilt für gruppenanalytische Großgruppen, für die Anfangssituation der Open-Space-Methode (vgl. hier Abschn. 2.4) und auch für die Startsituation einer großen Supervisionsgruppe. Sie beschreibt im Übrigen lebhaft das, was auch in Abschnitt 2.7 als »Arena« oder »Manege« erscheint.

> »Die soziale Architektur eines Sitzkreises ohne Tische und mit leerer Mitte ist nur dann notwendig und gerechtfertigt, wenn diese Mitte als Ort für ein publikumsgenerierendes Ereignis frei gehalten wird. Wenn also die Mitte die Strukturstelle eines immateriell Allgemeinen bedeutet, um dessentwillen man sich versammelt hat und das für alle Anwesenden gleich verbindlich ist. Deshalb ist die Architektur des Sitzkreises so geeignet für priesterlose Treffen religiöser Gemeinschaften, deren imaginäre Mitte der gemeinsame Glaube ist [...].
>
> Die leere Mitte hat die Funktion einer Arena mit der Besonderheit, dass es im Stuhlkreis keine ortsstabile Adressierung des Publikums wie in einer Manege, bei einer Rede oder einem Sprechtheater gibt. Stattdessen können alle Anwesenden seriell die Rolle des Protagonisten übernehmen, indem sie handelnd oder sprechend im Vordergrund stehen. Bei allen anderen pragmatischen Kontexten gibt es keinen Anlass, sich kreisförmig zu setzen. Bei einer Aktionärsversammlung z. B. wären die Aktionäre doch einigermaßen überrascht, wenn der Vorstand sich mit ihnen in einen Kreis setzte, ist doch die klar zu erkennende Differenz zwischen Aktionären und Vorstand ein Konstitutivum dieser Sitzung, um das herum sich entsprechend der Ablauf der Versammlung strukturiert.
>
> Zu den beiden Bestimmungen des Sitzkreises als Arena und Ort eines fokussierenden, immateriellen Allgemeinen kommt hinzu, dass der Sitzkreis von allen sozialen Architekturen am ehesten die Gleichheit der Anwesenden sichert, da sie sich in gleichem Abstand um eine

unbesetzte leere Mitte gruppieren. Die Sitzanordnung in einem Kreis widerspricht deshalb strukturell der Existenz eines ›Leaders‹, da er in einem Gegenüberverhältnis zur Gruppe sitzen müsste – man möge sich nur die Absurdität eines Appells im Kreis vorstellen […].

Übertragen wir nun die Überlegungen zur Struktur eines religiösen Sitzkreises auf den Sitzkreis in einer T-Gruppe. Auch hier gibt es keine vorab bestimmten, sondern fluktuierende Protagonisten, und auch die T-Gruppe versammelt sich um ein immateriell Allgemeines, wobei in der Gruppe in Beziehung zu dieser immateriellen Mitte keine sichtbare Statusdifferenz, sondern Symmetrie herrscht. […] Stünde in der Mitte der T-Gruppe ein Bild von Kurt Lewin, dann wäre dieses Bild strukturell mit einer Reliquie zu vergleichen, und die Trainer hätten die Selbstreferenz der T-Gruppe aufgelöst und die Gruppe zu einer sektenartigen Gemeinschaft der Gruppendynamiker zusammengeschlossen.

Was kann nun in einer T-Gruppe die Strukturstelle der imaginären Mitte einnehmen? Nur die Gruppendynamik selbst, die, so können wir aus der Struktur des Sitzkreises schließen, allgemein, imaginär und gemeinschaftsbildend ist. Da die Teilnehmer in dieser Praxis dabei nicht auf ein Drittes, wie z. B. die Gestalt eines Glaubensgründers, referieren können, schauen sie gewissermaßen auf die Gruppe selbst, die sich in der Mitte befindet und deren Mitglieder das einzige Material sind, das sinnlich zur Verfügung steht. Es liegt im traditionslosen und selbstreferenziellen Stuhlkreis der T-Gruppe also eine eigentümliche Dialektik von Allgemeinheit und Spezifität vor: Die leere Mitte erfordert strukturlogisch ein imaginär Allgemeines, die Traditionslosigkeit und das Fehlen jeder externen Referenz erzwingt jedoch die Besetzung der Mitte mit einem sehr Konkreten, der Gruppe mit den in ihr Anwesenden […].

Um es zusammenzufassen: Die Architektur des Stuhlkreises schafft katalysatorisch eine komplexe Situation, an der sich die Teilnehmer abarbeiten müssen, und stellt eine verschärfte Souveränitätsprovokation dar. Einmal fehlt ein thematischer Fokus; man redet gewissermaßen in ein noch zu füllendes pragmatisches schwarzes Loch hinein, das sich erst langsam mit Halt gebender Tradition füllt. Auf der gruppendynamischen Fahrkarte steht gewissermaßen kein Ziel, man weiß nur, dass es am Ende eine gruppendynamische Fahrt wird gewesen sein« (Amann 2004, S. 61 ff.).

Übersetze ich das für die Trainingsgruppe Beschriebene auf eine große Kleingruppe im supervisorischen Kontext, dann heißt das: Auch bei Supervisionen ist die freie Mitte des Kreises (die ja umso größer wird, je mehr Personen im Kreise sitzen) eine Arena. Es braucht, wie bei Open Space, Mut, es ist eine »Souveränitätsprovokation«, aus der Anonymität hervorzutreten und zu sagen »Ich habe ein Anliegen« – sei das ein Fall oder ein Konflikt im Team.

Dass neben dem Raum auch die Dimension »Zeit« von Bedeutung ist, klingt schon in der obigen Fallschilderung an: Eine Supervision zwischen zwei Unterrichtsstunden zu quetschen wird der Bedeutung von Teamsupervision nicht gerecht und ist für eine große Kleingruppe völlig unangemessen. Das wurde kürzlich in einer Intervisionsgruppe deutlich, wo die Falldarstellerin auf die Frage, wie viel Zeit sie denn für die Arbeit mit einem Team von 17 Personen habe, antwortete: eineinhalb Stunden. Da ging ein Aufschrei durch die Gruppe: Das reicht doch nicht!

In Seminaren von Ruth Cohn konnte man lernen, dass sie bei der Planung und Konzeption einer TZI-Gruppenveranstaltung stets kurz rechnete: 16 Personen, 90 Minuten Zeit – dann bleiben pro Person etwa fünfeinhalb Minuten Sprechzeit – reicht das? *So* ist das für Supervisionsprozesse nicht unbedingt die geeignete Berechnung, aber dass genügend Zeit pro Sitzung in Beziehung zur Gruppengröße zu kalkulieren ist, ist ein wichtiger Aspekt des Kontraktes.

3.7 Fazit

Das Fazit dieses Kapitels lässt sich so formulieren:

- Supervision wird verortet als gesellschaftlich vermittelte Intervention und wird als Spezialform von Beratung definiert. Die verschiedenen Ausprägungsformen von Supervision werden beschrieben, eine Variante supervisorischen Vorgehens für Fallarbeit näher ausgeführt.
- Gruppe und Team werden definiert und die Unterschiede zwischen beiden Konfigurationen diskutiert.
- Für den weiteren Verlauf wird die große Kleingruppe, mit zehn bis 20 Personen, als die relevante supervisorische Größe näher umrissen.
- Aus den beiden ersten Kapiteln dieses Textes haben sich zwei Grundformen supervisorischer Arbeit mit großen Kleingruppen herausdestilliert: das Repräsentanzmodell und das Aufteilungsmodell. Repräsentanz meint, dass in einer minimal strukturierten Gruppe meist eine Minorität von Protagonisten den Prozess übernimmt und gestaltet, während die Majorität

lediglich Resonanzkörper ist. Aufteilung bedeutet, dass eine große Gruppe funktional in Kleingruppen aufgeteilt wird, die separat arbeiten und die Ergebnisse im Plenum zusammentragen.
- Der Raum spielt, neben der Gruppengröße, eine entscheidende Rolle als »dritter Pädagoge« im Supervisionsgeschehen. Das wird an einer Fallvignette und durch eine Betrachtung des leeren Stuhlkreises verdeutlicht. Raum ist, zusammen mit der Zeit, ein konstituierendes Element für die Supervision mit großen Kleingruppen.

4 Typische Gruppen und Teams im Bildungs-, Sozial- und Gesundheitswesen

4.1 Privilegien eines Supervisors und die Innensicht einer Supervisandin

Der Supervisor hat gewissermaßen das Privileg, in die verschiedensten Berufsbereiche Einblick nehmen zu dürfen. Je nach Anfrage findet er sich wieder im Gesundheits-, Sozial- oder Bildungswesen – dem sogenannten Non-Profit-Bereich –, in öffentlichen Verwaltungen oder im Profit-Bereich: Wirtschaft, Handel, Industrie. Er kann die Produktion in Großbetrieben, kann Betriebssozialarbeit, Architekturbüros, Erwachsenenbildung, Erziehungsberatung, Psychiatrie, psychosomatische und Suchtkliniken, Suchtberatungsstellen, Kinderheime, teilbetreutes Wohnen, Geriatrie und anderes kennenlernen. In diesen, hinsichtlich ihrer Normen und Werte grundverschiedenen Bereichen begegnet er dann Gruppierungen von Menschen, die er supervidieren darf. Dabei erfährt er sehr viel über ihr Denken, ihren Berufsalltag, ihre Normen, Regeln und Tabus. Mit jeder Anfrage ist bereits eine gewisse Ausrichtung vorgebahnt, denn jede Sparte wie auch jedes Setting hat eigene Gesetzmäßigkeiten. Bei der Beantwortung einer Anfrage hilft es, sich an der Art von Gruppe zu orientieren, die es zu supervidieren gilt. Die für die folgenden Ausführungen relevantesten Unterschiede finden sich zwischen der im vorigen Abschnitt getroffenen Differenzierung der Supervision von Gruppen und der von Teams. Gruppen kommen selten vor bei Anfragen aus Institutionen, in den allermeisten Fällen handelt es sich um Teams.

Natürlich spielen auch die in den ersten Kapiteln ausgeführten Unterschiede zwischen Gruppen unterschiedlicher Größe herein. Im Folgenden wird es durchweg um die Teams gehen, die der Definition der großen Kleingruppe entsprechen: mit etwa zehn bis 20 Teilnehmenden. Es geht darum, wie der Supervisor ein solches Team erlebt – aber auch, wie die Teilnehmenden dies selbst erleben. Denn oft trifft sich ein solches Großteam vollständig nur in der Supervision. Neben den eigenen Eindrücken und Erfahrungen ist es mir gelungen, Dagmar Lampart, eine Teilnehmerin, die ich vor Jahrzehnten in der Stationssupervision einer psychiatrischen Klinik kennengelernt hatte und die heute eine Freundin geworden ist, dazu zu bewegen niederzuschreiben, wie sie die Situation damals erfahren hat.

»Ich war teilnehmende Supervisandin bei Klaus Antons in einer Teamsupervision Anfang der 80er-Jahre. Wenn ich mich auch nicht an die Supervisionssitzungen im Detail erinnern kann, so haben diese Stunden, im Nachhinein betrachtet, einen sehr nachhaltigen Eindruck hinterlassen.

Ich arbeitete damals noch nicht lange als junge Krankenschwester auf einer geschlossenen Abteilung für psychisch erkrankte Frauen. Die Psychiatrie war mir bis dahin noch recht fremd. Durch meine Ausbildung bedingt, stand bisher der pflegerische Umgang mit den Patienten im Vordergrund. Hier auf dieser Abteilung wurde ich jedoch von heute auf morgen mit anderen Aspekten im Umgang mit den Patienten konfrontiert. Das Alltags- und Beziehungsgeschehen spielte eine große Rolle, da die Patienten gerade in diesen Bereichen häufig ihre Defizite hatten und aus dem sozialen System herausgefallen waren. Die Beziehung zum Patienten und das Gespräch mit ihm rückten jetzt in den Vordergrund. Schwierigkeiten zwischen Patienten und Personal sahen in diesem Rahmen des Miteinanders anders aus, ebenso war die Teamsituation eine andere als in den allgemeinmedizinischen Krankenhäusern. Man stieß immer wieder emotional an die eigenen Grenzen und konnte somit nicht immer positiv handlungsfähig bleiben. Konflikte waren vorprogrammiert. Aber wo gab es einen Raum, in dem wir uns konstruktiv besprechen konnten?

Damals eröffneten sich gerade neue Möglichkeiten in der Psychiatrie. Und so ergab es sich, dass der damalige Stationspsychologe bei der Klinikleitung erreichte, dass ein von außen kommender neutraler Supervisor engagiert wurde. Und so erschien Supervisor Klaus Antons. Die meisten Teilnehmer beäugten ihn zunächst mit einem eher skeptischen Blick: ›Was soll das bringen?‹ Einige waren aber auch neugierig und offen für das, was da kam – zu ihnen gehörte auch ich.

Wir betraten völliges Neuland. Anders als bei Visiten oder Stationsbesprechungen saßen wir nun im Kreis, ohne Tische zwischen uns. Die Gruppe war größer, da es ein stationsübergreifendes Geschehen war. Wir waren alle im akutpsychiatrischen Bereich tätig. Unsere Patienten hatten keinen freien Ausgang, da sie häufig selbst- oder fremdgefährdend waren. Das bedeutete, dass oft auch hoch aufgeladene Gefühle am Wirken waren. Stationsärzte, Stationspsychologen und das Pflegepersonal, bestehend aus Krankenschwestern und -pflegern, Krankenpflegehelferinnen und Krankenpflegehelfern waren anwesend. Nie waren alle zusammen, da wir alle im Schichtdienst arbeiteten. Wir waren darüber informiert, dass die Supervision einen geschützten Rahmen bot, d. h. Schweigepflicht höchste Priorität hatte. Daher war es auch möglich, sich mit schwierigen Themen auseinanderzusetzen. Ich erinnere mich, dass ich die Supervision damals als Chance betrachtete, schwierige Situationen im Stationsalltag besprechen zu können. Es brauchte jedoch sehr viel Mut, in so einer großen Runde von bis zu 20 Menschen etwas über die Lippen zu bringen und sich mit den eigenen Gefühlen zu zeigen. Daher blieben viele auch still.

Details lassen sich für mich heute nicht mehr rekonstruieren, aber die Wirkung, die die Supervisionsstunden im Stationsgeschehen und im Umgang mit dem Patienten hinterließen, kann ich schildern. Und ich weiß heute noch, wie mich dieses Reflexionsgeschehen in der Supervisionsgruppe motivierte, in diesem ›Forschungsmodus‹ mich im Kontakt zum anderen zu beobachten, um das zwischenmenschliche Geschehen mehr und mehr zu durchdringen.

Wenn ich Schwierigkeiten mit einem Patienten hatte, so konnte es gut sein, dass ich nach der Supervision aus meiner emotionalen Verstrickung heraustreten konnte. Durch die neutrale Draufsicht des Supervisors auf das Beziehungsgeschehen sowohl zwischen Patienten und mir als auch zwischen dem Patienten und den anderen Teammitgliedern konnte ich in mir einen neutralen Beobachter installieren, der meine Gefühle und mein Verhalten dem Patienten gegenüber wie von außen wahrnahm. Wir Supervisanden sprachen über unsere Wahrnehmungen und unsere Gefühle dem Patienten gegenüber. Wir erkannten, dass unsere Gefühle und Wahrnehmungen gute Werkzeuge sein konnten, den Patienten mehr zu verstehen. Im Sinne eines Übertragungs- und Gegenübertragungsgeschehens konnte man den Patienten und sich selbst auf eine neue Weise klarer sehen lernen: die neutrale Draufsicht als entlastender Augenblick.

Die Supervision bot somit einen Raum, sich auf eine bestimmte Weise auszutauschen, um einen klaren Blick auf die Gesamtsituation zu erreichen, was sich dann in meiner Haltung dem Patienten gegenüber widerspiegelte. Mimik, Gestik, Klang der Stimme … veränderten sich, sodass der Patient sich wieder wahrgenommen und angenommen fühlte. Nach der Supervision waren die Probleme mit dem Patienten häufig besser überschaubar, und man war in einer positiven Weise wieder handlungsfähig ihm gegenüber.

Dieser nachhaltige Gesamteindruck der Supervisionsstunden veranlasste mich damals, in einem psychoanalytischen Kontext über das

Beziehungsgeschehen zwischen Menschen nachzudenken und mich darin weiterzubilden. Etwa zehn Jahre später, in der Weiterbildung zur Gestaltungtherapeutin/Klinischen Kunsttherapeutin (DAGTP), traf ich wieder auf Klaus Antons. In den Kursen durfte ich die Wirkung unterschiedlicher Gruppengrößen als Teilnehmerin selbst erleben. Auch diese Erfahrung diente mir nachhaltig im Umgang mit Gruppen.

Bis heute gilt mein Interesse den therapeutischen Gruppen im klinischen Setting. Im Nachhinein kann ich sagen, dass die Teamsupervision damals einen ›Grundstein‹ in mir gelegt hatte, in dieser spannenden Auseinandersetzung mit Gruppen zu bleiben.« [D. L.]

4.2 Indikationsstellungen für Supervision: Fall oder Team?

Wenn eine Supervisionsanfrage kommt, wird häufig bereits geäußert, welcher Typus von Supervision gewünscht ist: Fallsupervision oder Teamsupervision – oder beides.

Bei Fallsupervision scheint es zunächst einfach zu sein: Gegenstand des supervisorischen Prozesses sind die »Fälle«, d. h. die als schwierig oder problematisch erlebten Begegnungen mit Bewohnerinnen, Klienten, Patienten, Teilnehmerinnen etc., die bei der Supervisandin ungute Gefühle, offenen Fragen oder ein Nicht-davon-Loskommen ausgelöst haben. Durch den (psychohygienischen) Prozess des Mit-Teilens, des sprachlichen Organisierens des bisher in Kopf und Bauch Herumschwirrenden, durch Nachfragen, Feedbacks, Sharings und Mitteilens eigener Erfahrungen durch die Kolleginnen und Kollegen kann sich die Gestalt schließen und ein ruhigeres, kompetenteres Umgehen mit diesen Klienten möglich werden (vgl. König u. Schattenhofer 2017).

Leider ist es selten ganz so einfach: Meist arbeiten auch andere Mitglieder des Teams mit ebendiesem Patienten oder Klienten. Und damit ist bereits ein erster Schritt getan in die andere Form, die Teamsupervision. Dann ist zum Beispiel die in Abschnitt 3.3 beschriebene Vorgehensweise nicht mehr in dieser Form zu verwenden, sondern muss modifiziert werden. Denn dann taucht unweigerlich die Frage auf: Wer arbeitet denn wie mit diesem Klienten? Und was sagt das aus über die Zusammenarbeit, den Informationsfluss und die Kooperation im Team, über Rivalitäten, Statusunterschiede, Hierarchien, unterschiedliche Normen und Regeln etc.? – Eine gute Möglichkeit, die ich gelegentlich verwende und die ich bei Raguse (1998) wiederfand, ist die: Wenn alle den Klienten kennen, bitte ich die Teammitglieder, sich mit ihm zu identifizieren und aus der Identifikation heraus auszusprechen, was der Klient über das Team denkt.

Das genau sind die Fragen, um die es geht bei der Anfrage nach Teamsupervision. Und da kann es durchaus, wie die »Anfragevignetten« im nächsten Abschnitt zeigen, auch um Teilteams einer Gesamtorganisation gehen, zwischen denen die Kommunikation klemmt. Das geschieht regelmäßig in einem Arbeitsgebiet, in dem ich seit Langem arbeite: in der Suchtkrankenhilfe, ambulant wie stationär. Wenn ein Klient oder eine Patientin eine Borderline-Struktur aufweist, geschieht es mit schönster Regelmäßigkeit, dass ein Großteam (markanter noch als einen Kleinteam) vom »Spaltpilz« befallen wird: Ein meist kleinerer Teil kämpft um diese Patientin, sieht Chancen, dass doch noch eine Entwicklung möglich ist, dass man ihr unbedingt noch eine Chance geben müsse, während die anderen, meist die Majorität, darauf hinweist, dass die Patientin gerade die 27. Ehrenrunde dreht, alles schon sattsam bekannt ist und sie alle schon um den Finger gewickelt hat. Falls ich einen Kontrakt auch über Teamsupervision abgeschlossen habe, bietet sich hier die gute Möglichkeit, auf das Spiegelungsphänomen hinzuweisen: »Inwieweit tragt Ihr als Team die Gut-Böse-Spaltung dieser Patientin aus?«

4.3 Teams und Gruppen aus der Praxis

In diesem Abschnitt übernehme ich Passagen von Patricia Kramer, die in den letzten Jahren mehr praktische Erfahrungen mit großen Kleingruppen gemacht hat als ich selber und sie gut dokumentiert hat. In diesem Kontext geht es weniger darum, den Verlauf der Supervisionsprozesse zu beschreiben, als vielmehr darum, auf die komplexe und oft widersprüchliche Auftragssituation zu verweisen.

> »Beim Setting der Teamsupervision stehen das Team und die Dynamik zwischen den Teammitgliedern wie auch die Wechselwirkung mit den relevanten Umwelten (z. B. Klienten, Organisation, Förderern, Gesellschaft ...) im Zentrum. Es geht vor allem um die Arbeits- und Kommunikationsprozesse, um Informationsfluss und Entscheidungsmodalitäten. In einem Team kennen sich, im Gegen-

satz zu einer Gruppe, die Personen untereinander auf Arbeits- wie auch Persönlichkeitsebene; was in diesem Setting gesagt wird, hat direkte Folgen. Die Offenheit hängt außerdem vom Personenkreis ab; berufliche oder persönliche Homogenität oder Hierarchien im Supervisionsteam gilt es zu berücksichtigen (vgl. Belardi 2005 S. 94). Inwieweit eine Teamsupervision als ›geschützter Raum‹ bezeichnet werden kann, ist zu besprechen, denn der Supervisor kann dies thematisieren, aber nicht steuern oder kontrollieren. ›Teams sind teiloffene institutionelle Subsysteme, die mit den anderen Subsystemen kommunizieren müssen‹ (Pühl 2012, S. 19). Allparteilichkeit als Anspruch an einen Teamsupervisor muss besondere Beachtung finden, da ansonsten der gemeinsame Prozess beeinträchtigt werden kann. Mit Allparteilichkeit ist die systemische Weiterentwicklung der Neutralität gemeint: Allen Anteilen einer Person und allen Personen sollte gleichwertig begegnet, kein Anteil und keine Person sollte bevorzugt werden.

In der Praxis ist die Diversität der Teams und Gruppen, für die Supervision angefragt wird, schier unendlich. Schon nach meiner noch zeitlich eher kurzen Tätigkeit als Supervisorin habe ich mich mit verschiedensten Gruppierungen beschäftigt. Die Indikationen mischen sich je nach Gruppe oder auch in der Gruppe selbst. Ich möchte verdeutlichen, wie schwierig es werden kann, wenn man für sich die Gruppe definieren und sich quasi auf die Dynamiken vorbereiten will, die auftreten könnten.

Situation 1

Eine Anfrage hieß, dass ich in einer psychosomatischen Klinik reine Fallsupervisionen geben sollte. Zu supervidieren war ein Team von 16 Personen, die Leitung sollte dabei anwesend und beteiligt sein. Ergebnisse sollten vom pädagogisch-pflegerischen Team wie auch von der Stationsleitung dann in andere Gremien mit Ärzten, Therapeuten, Ergotherapeuten usw. eingebracht werden. Außerdem sollten auch die Praktikanten und Auszubildenden, die jedes Jahr wechselten, integriert sein. Auf Teamentwicklung und -dynamik sollte bitte keine Zeit ver(sch)wendet werden. Der letzte Aspekt ist für die meisten Supervisoren wohl der beliebteste, denn wie soll mit einem Team gearbeitet werden, ohne dass es sich entwickelt oder ohne dass seine Dynamiken sich auf die Inhalte auswirken? Insbesondere bei Fallsupervisionen geht es ja auch immer darum, ›wie wir‹ (gemeint sind hier die Personen, die einen Auftrag erfüllen sollen) mit Klienten umgehen. Im Zentrum steht also bereits das ›Wir‹ und kann kaum ausgeklammert werden. Im klinischen wie im pädagogischen Bereich zieht die Arbeit mit den Klienten ja auch nicht an den Einzelpersonen oder den Teams und Gruppen vorbei. Es braucht für die Entwicklung von Klienten, das kann man schon bei Freud nachlesen, immer ein Gegenüber. Und dieses Gegenüber sollte nicht nur seine Arbeit, sondern auch sich selbst reflektieren und entwickeln. Dies als kleiner Exkurs, welche ›Probleme‹ sich bei einer Anfrage für eine Supervisorin stellen können, neben der Gruppengröße, die es zu supervidieren gilt.

Situation 2

Bei einer anderen Anfrage schlug zunächst mein Sozialpädagoginnenherz höher, da ich die fachlich-reflexive Auseinandersetzung mit dem Thema ›Nähe/Distanz‹ bei Teams in einer größeren Institution sehr spannend und wichtig finde. Der Grobauftrag klang pragmatisch: Supervision in den drei Teams einer Institution zu geben – Vollbetreuung, Teilbetreuung und Nachsorge. In dieser Reihenfolge sanken auch die Teilnehmerzahlen. Von zwölf Personen zu fünf Personen hin zu einem Kleinteam von drei Personen. Von den Professionen waren Sozialpädagogen, Sozialpädagogen in Ausbildung und Praktikanten vertreten. Die Leitungen sollten ebenfalls in das Team integriert sein und regulär teilnehmen. Inhaltlich gab man mir freie Hand: Ich sollte mit dem arbeiten, was kommt.

Abschließend im Auftrag wurde der Aspekt genannt, der mich ins Stocken brachte: Vier- bis fünfmal im Jahr sollten – da immer wieder Synergien zwischen den Teams genutzt wurden, aber auch Rivalitäten entstanden –, Gesamtsupervisionen stattfinden mit allen drei Bereichen. Schnell im Kopf zusammengezählt, kam ich auf 20 Personen. Und ach ja, der Hauswirtschaftsbereich sollte ebenfalls daran teilnehmen, da es auch hier zu Schnittstellenkonflikten kommen konnte. Vier verschiedene Unterteams mit ihren Werten und Regeln, bezeichnet als ein Gesamtteam. Gesamtanzahl: 23 Personen, eine Supervisorin, ›aber es sind ja nicht immer alle da‹.

Situation 3

In einer psychiatrischen Klinik durfte ich ein Team, bestehend aus 16 Pflegefachkräften, Sozialpädagogen, Auszubildenden und Praktikanten, supervidieren. Hinzu kamen, falls möglich, die fünf Nachtwachen. Sollten zufällig alle anwesend sein, also niemand aufgrund von Krankheit, Urlaub oder Dienststrukturen nicht teilnehmen können, hätten um mich herum 21 Personen gesessen. Zumeist schwankte die Teilnehmerzahl zwischen neun und 15 Personen. Je nach Fall wurde im Verlauf der behandelnde Therapeut des thematisierten Patienten hinzugeholt. Aufgrund der Fluktuation der Ärzte und Therapeuten in der Klinik wurde später eingeführt, dass als therapeutische Leitung auch der Oberarzt der Station teilnahm. So sah ich mich einer spannenden Herausforderung gegenübergestellt, da mit jeder Sitzung nicht nur die Teilnehmerzahl und das inhaltliche Setting, sondern auch die vertretenen Berufsgruppen samt ihren Hierarchien wechselten.

Situation 4

Ein gemeinnütziger Träger engagierte mich für die Gruppensupervision mehrerer Beratungsstellen. Fünf Standorte, jeweils zwischen zwei und drei Mitarbeitenden unterschiedlicher Professionen. Ein gemeinsamer Arbeitgeber/Träger, unterschiedliche Vorgesetzte und Rollen. Maximale Teilnehmerzahl 15. Auftrag: reine Fallsupervisionen, bitte keine Teamsupervision, da die verschiedenen Personen ja nicht alle miteinander arbeiten. Über Jahre sei es schon so gehandhabt und für gut befunden worden. Das Gefühl in der Gruppe, das ich antraf, bestätigte mich in meiner Entscheidung, bei der Auftragsklärung durchzusetzen, dass Gruppensupervision und Entwicklungsthemen nicht ausgeklammert würden. Denn sie sahen sich alle direkt dem Träger unterstellt, hielten regelmäßigen Austausch miteinander und waren durch ihre Einzelberatungstätigkeit auch stets persönlich involviert. Manche hatten bereits an anderen Standorten zusammengearbeitet, und sie kannten sich von gemeinsamen Fortbildungen.

In all den unterschiedlichen Zusammensetzungsformen der Supervision erlaubt es der Blickwinkel aus der Rolle der Supervisorin, sich anzuschauen, was das bisherige Erleben der Teilnehmenden in Gruppen bewirkt hat. Der externen Person fallen schnell die Verhaltensweisen der Individuen auf, die zwischen den als klassisch zu bezeichnenden Polen von ›Rückzug, Sich-nicht-zeigen-Wollen‹ und ›Positiv-gestärkt-Sein, Sichtrauend‹ schwanken. Es bietet sich die Chance, den Teilnehmenden neue Erfahrungen zu ermöglichen, sofern man sich selbst traut und den Dynamiken Raum gibt. So können die Teilnehmenden vielleicht für sich das ›Teil sein einer Gruppe‹ neu definieren.« [P. K.]

4.4 Ja, da muss man doch auch mal Nein sagen!

Die vier Fallschilderungen von Patricia Kramer stellen (auch meiner Erfahrung nach) nicht die Ausnahme dar, sondern die Regel. Sie beleuchten, was zuvor als Herausforderung beschrieben ist, nämlich die beiden Formen »Fallsupervision« und »Teamsupervision« sauber zu differenzieren und gut hinzuschauen, wo, verdeckt oder offen, »Teamentwicklung« mitgemeint ist.

Was an diesen Vignetten aber auch deutlich wird: In nicht wenigen Bereichen von Sozial-, Bildungs- und Gesundheitswesen herrschen prekäre Verhältnisse. Es mangelt an Geld, an Zeit – und an Personal: Derzeit fehlen in Deutschland etwa 200 000 Pflegekräfte, bis 2030 werden es eine halbe Million sein – so der Deutsche Pflegetag am 13.10.2021 (laut Rundfunknachrichten). Und da stellt sich die Frage, was man vor seinem beruflichen Ethos noch mittragen kann – und wo, um noch einmal Polly Peachum (aus der *Dreigroschenoper*) zu zitieren, man doch einfach Nein sagen muss zu einem Auftragsangebot, in dem bei einer Zusage an der Unmoral eines von Gier getriebenen kapitalistischen Systems mitgewirkt wird. Außerdem: Prekäre Verhältnisse in der Organisation schlagen im Sinne des Spiegelungsphänomens garantiert auf den Supervisionsprozess durch.

So ist zu fragen, ob ein »Dürfen es auch 15 Teilnehmende sein?« Ausdruck einer nicht mehr zu verantwortenden Sparpolitik der Organisation sein kann (vgl. Abschn. 3.2). Weitere sinnvolle Fragen, die man sich bei einer Anfrage stellen sollte, sind unter anderem:

- Was genau ist denn gemeint, wenn »Teamsupervision« angefragt wird? Geht es um Kommunikation und Konflikte innerhalb des Teams oder auch um Führungsdefizite und Konflikte mit der Gesamtorganisation? Oder ist gar Fallsupervision im Team gemeint?
- Welches Ausmaß hat die oben genannte »Teamigkeit«? Hat das Team mehr zu tun, als miteinander die Kaffeeküche sauber zu halten? Heißt »Team«, das alle ihre Arbeit für sich machen und nur einen gemeinsamen Chef haben?
- Oder bedarf es intensiver Abstimmung untereinander, damit die Arbeitsaufgabe geleistet werden kann? Wie viel Kooperation ist nötig – und wie gelingt die?
- Wenn gemeinsame Fallsupervision im großen Team gewünscht wird: warum eigentlich? Warum lässt es sich nicht aufteilen? Weil es billiger ist – oder was? Hat jede Person ihre eigenen Fälle, oder arbeiten mehrere mit denselben Klienten? Welche Spiegelung von Organisationsproblemen sind zu erwarten?
- Sind die Vorgesetzten dabei – und warum? Geht es um Teamsupervision oder bereits um Teamentwicklung? Oder bereits um Organisationsentwicklung?

Wenn der Auftraggeber, anders als in Patricias Situation 1, bereit ist, Fall- wie Teamsupervision zuzulassen, ist die Kontraktierung zwar zunächst leichter – das heißt aber nicht, dass es für die Supervisorin leichter wird. Es gilt zu steuern: Wann ist das eine, wann das andere dran, wann Fall und wann Bearbeitung zwischenmenschlicher und organisationsbedingter Kommunikations-, Entscheidungs- und anderer Konflikte?

Ich habe immer wieder erlebt, dass im Sinne von Abwehrfunktion gerade *das* angeboten und angefragt wird, was das weniger Brisante ist. Wenn es im Team richtig brodelt, wird ein interessanter Fall als Anliegen gebracht; wenn die Mitarbeiter unter den Fallzahlen fast zusammenbrechen, ist das Anliegen eine minimale Differenz im Team. Ich sehe es dann als meine Aufgabe, genau hinzuschauen, zwischen den Zeilen zu lesen, auf die Zwischentöne zu horchen und zu fragen: »Ist das wirklich das, was am meisten drückt?« Oft reicht eine solche einfache Intervention, um aufs Wesentliche – und damit auch an die bislang latenten Ressourcen – zu kommen.

Patricia Kramers Vignetten machen auch deutlich, dass in der Supervision unweigerlich die strukturellen Defizite einer Organisation auftauchen. Ich erinnere mich an eine Situation, die Jahrzehnte zurückliegt, als ich noch nicht ganz so erfahren war und noch nicht so klare Kontrakte schließen konnte. Mit einer Kollegin zusammen wurde ich engagiert für Fallsupervision in Kita-Großteams einer deutschen Metropole. Was nicht sauber geklärt war: Was und wie wir dem Leiter (der auch noch ein Studienkollege von mir war) Rückmeldung geben. Als wir versuchten, ihm diverse Unzufriedenheiten mit Mängeln in der kommunalen Struktur zu schildern, machte er zu und warf uns raus.

Diese Situation wirft auch die Frage auf, bis zu welcher Systemgröße ich es mir zutraue, allein zu arbeiten. So komfortabel wie damals dürfte es heute nicht mehr sein, dass man im Duo arbeiten kann. Dabei ist es, und diese Erfahrung ist in gruppendynamischen Trainings immer wieder zu machen, von doppeltem Vorteil, zu zweit zu arbeiten. Zum einen sehen vier Augen und hören vier Ohren mehr, und darüber ist der Austausch wichtig; zum anderen dient man als Rollenmodell für Teamarbeit. Was ist nun denkbar, wenn ich mit 18 Menschen eines Großteams alleine arbeiten muss? Dann sind der Open Staff der Gruppendynamik oder das Reflecting Team schlecht anzuwenden, und es hilft am ehesten, die Selbstorganisationsfähigkeit des Teams zu beanspruchen und bestimmte Aufgaben, meist beobachtender Art, an Teammitglieder zu vergeben.

Typisch für Großteams im Klinik- und Pflegebereich ist eine hohe personelle Fluktuation. Sie zeigt sich zum einen darin, dass Mitarbeiterinnen rasch die Station wechseln, neue dazukommen und andere ausscheiden. Fluktuation in der Supervisionsgruppe kommt aber auch durch Schichtbetrieb zustande – selten sind beim nächsten Termin dieselben Menschen anwesend. Sie zeigt sich des Weiteren durch ein gruppendynamisches Phänomen: In Großteams herrscht durchweg eine geringere Verbindlichkeit als in Kleinteams. Das äußert sich im Erscheinen oder Nichterscheinen, im Späterkommen und Frühergehen, im Abberufenwerden per Handy etc.

Früher habe ich mich darüber geärgert und versucht, mehr Verbindlichkeit herzustellen. Das habe ich aufgegeben. Ich habe zum einen gemerkt, dass ich mit meinen Vorstellungen von Verbindlichkeit einer aussterbenden Generation angehöre. Zum anderen greift hier ein Phänomen, das auf Kapitel 1 rekurriert und einen typischen Großgruppeneffekt spiegelt: Wenn so viele andere um mich herum sind, bin ich nicht so wichtig und kann mich zurückziehen.

Es ist, was es ist. Was mir (neben meinem meditativen Training) geholfen hat, mich nicht mehr zu ärgern und frühere supervisorische Normen zu relativieren, ist die Einsicht, dass ich als Supervisor keine Kontrollfunktion habe. Ich mache es mir leichter, wenn ich die Selbstorganisationskräfte des Teams anspreche und mit einer gewissen Penetranz frage: »Wie geht es denn den anderen mit den Zuspätkommenden/Frühergehenden/Nichterscheinern/Handyspielern/Abberufenen etc.?«

Wenn ich meine eigene Erwartungshaltung, Supervision als einen kontinuierlichen, personell verbindlichen Prozess zu sehen, herunterschraube und mich auf die geringere Bereitschaft einer jüngeren Generation einlasse, dann hilft die Vorstellung, ein solches Großteam nicht als eine geschlossene, sondern als eine offene Gruppe wahrzunehmen. Das heißt, jede einzelne Sitzung als in sich geschlossene Gestalt zu betrachten und nicht zu hoffen, dass es in der nächsten Sitzung mit Kontinuität weitergeht. Es gilt also, die Situation nicht zu verleugnen, sondern sie anzuerkennen; nicht sie zu beklagen oder schönzureden.

4.5 Mit Resonanzräumen in großen Kleinteams arbeiten

Die folgende Falldarstellung ist meiner Intervisionskollegin Almut Aeppli zu verdanken. Sie verweist bereits auf den Inhalt des nachfolgenden Kapitels, indem sie sehr konkret ihre Methodik des Umgangs mit einem großen Kleinteam schildert. Außerdem fokussiert sie die Rückwirkungen ihrer Arbeit auf sie selbst und reflektiert, wie die Arbeit mit Systemen dieser Größenordnung ihr Bild von sich selbst verändert.

»Meine supervisorische Arbeit basiert auf gruppen- und organisationsdynamischen Theorien ebenso wie auf psychodynamischen Konzepten. Deshalb gehe ich davon aus, dass sich auch in der Supervision großer Kleinteams alte Interaktionsmuster und Konflikte aus der Arbeitsbeziehung in der aktuellen Beziehungsdynamik zwischen Supervisorin und Supervisandinnen widerspiegeln. In meinem Beitrag gehe ich der Frage nach, inwieweit das Verstehen und die Bearbeitung bewusster und unbewusster Interaktionsmuster in großen Kleinteams möglich ist und welche Rückwirkung das auf mein supervisorisches Selbstverständnis hat. Der folgende Text bezieht sich auf eine Fallsituation, dessen organisationaler Hintergrund in dem Sammelband *Demokratie machen* publiziert wurde (Aeppli 2018).

Der Auftrag des großen Kleinteams

Eine psychiatrische Beratungsstelle wechselt unfreiwillig den Träger und gerät mit ihrer partizipativen Haltung unter eine eher autoritäre Hierarchie. In der Folge kommt es innerhalb der Beratungsstelle zu Spannungen zwischen dem Leitungsteam und dem Team – insbesondere dann, wenn Beschlüsse der Geschäftsleitung umgesetzt werden sollen, die für das Team nicht nachvollziehbar sind. Das Team fühlt sich durch den neuen Träger vereinnahmt, die daraus resultierende Ohnmacht wird ausagiert, indem das Team die Kommunikation und Zusammenarbeit mit dem Leitungsteam verweigert. Durch diesen Druck und den Druck, der von der Geschäftsleitung ausgeht, gerät das Leitungsteam in ein Dilemma und reagiert mit einem unklaren Leitungsstil. Untergründig ist eine große Angst vor konflikthaften Auseinandersetzungen und dem damit verbundenen Risiko des ›Rauswurfs‹ als Team zu erkennen. Die Supervision soll dazu beitragen, die angespannte Situation besser zu verstehen und die Kommunikation und Zusammenarbeit des Teams mit dem Leitungsteam zu verbessern.

Resonanzräume in der Supervision

Es gehört zum Kern aller psychoanalytischen Konzepte, dass wir nicht nur auf der bewussten Ebene kommunizieren, sondern auch auf der unbewussten Ebene. Im Zusammenhang mit dieser mehr oder weniger unbewussten Kommunikation sprechen wir von Resonanzen und Resonanzräumen, die zentral in psychoanalytischen Konzepten sind. Auch in der Supervision wird mit Resonanzen und Resonanzräumen gearbeitet (vgl. Stemmer-Lück 2014, S. 1). Der Resonanzraum dient als Übergangsraum, in dem sich Erkenntnisse entwickeln können. Setting und Interventionen dienen dazu, diesen Übergangsraum herzustellen. Die Erkenntnisquellen sind nicht nur auf bewusster Ebene angesiedelt. Es geht darum, das ›Dazwischen‹ zu erfassen. Auf diesem Hintergrund basierend, geht die psychoanalytisch- intersubjektive Supervision davon aus, dass sich die Beziehung der Klientinnen und Klienten im Übergangsraum des Teams oder der Gruppe reinszeniert. In diesem Übergangsraum kann sich das Unbewusste in Form von Affekten, Gefühlen und Mitgefühl entfalten. Die unbewussten Beziehungen der Supervisandinnen zu ihren Klientinnen reinszenieren sich, und die Supervisorin kann dadurch eine Gegenübertragung zweiter Ordnung entwickeln, indem sie die Gefühle und Affekte hält, ›contained‹, und möglichst explizit und nachvollziehbar sagt, was sie versteht (vgl. West-Leuer 2011, S. 90 f.). Die Reinszenierung des Falls in der Gruppe geht auf das Konzept Michael Balints zurück. Während die Gruppe sich mit dem Fall beschäftigt, richtet die Supervisorin den Blick und ihr Gespür auf die Gruppe, ohne den Fall und die Berichterstatterinnen aus den Augen zu verlieren. Erst zum Schluss wird der Gruppenprozess mit dem Fall verknüpft und gedeutet. West-Leuer hält weiterhin fest, dass die Schilderung des Primärprozesses sich damit auf den Sekundärprozess verschiebt, bei den Supervisanden Erhalt und Stärkung der Ich-Aktivitäten bewirkt und hilft, Regression zu verhindern. Andere Interventionstechniken, wie Erklärungen und Begründungen, Diskussion alternativer Verhaltensweisen, Rückfragen zur Klärung der Realität, moralische Entlastung, aktives Eingreifen, wenn das Setting nicht eingehalten wird oder modifiziert werden muss, wirken ebenso stützend und strukturierend im Supervisionsprozess (vgl. West-Leuer 2011, S. 92 f.).

Der Supervisionsprozess im großen Kleinteam

Die Größe eines Teams ist für mich als Supervisorin ausschlaggebend dafür, wie ich in der Supervision mit dem Resonanzraum arbeite. In der Arbeit mit kleinen Teams steht ausschließlich das Gespräch über das Übertragungs- und Gegenübertragungsgeschehen im Vordergrund. Das entspricht meiner ursprünglichen supervisorischen Haltung. In großen Kleinteams ist das nicht möglich, da die Face-to-Face-Kommunikation schwieriger und die Angst, sich zu exponieren, größer ist als in kleinen Teams. Deshalb arbeite ich in großen Kleinteams strukturiert mit Zuhilfenahme von Übungen und Modellen. Gleichzeitig bin ich mir bewusst, dass dies natürlich auch meinen eigenen Angstgefühlen geschuldet ist, die ich, ebenso wie die Supervisandinnen, am Anfang eines Supervisionsprozesses in einem großen Kleinteam deutlicher und vermehrt wahrnehme: Supervision beschäftigt sich immer mit der Reflexion der beruflichen Arbeit. Interessanterweise verlieren kleine Teams, aber noch deutlicher große Kleinteams diesen wichtigen Aspekt aus dem Auge und verstricken sich deshalb häufig in persönlichen Diskussionen und Anschuldigungen. Im Vorgespräch, das ich mit dem Team führe, fällt mir dieser Aspekt auf. Welche Bedeutung und Auswirkung der Wechsel der Beratungsstelle in die psychiatrische Klinik für die zu betreuenden Klientinnen hat, wird mit keiner Silbe erwähnt. Das Augenmerk des Teams liegt ganz auf den Spannungen und den Konflikten mit dem Leitungsteam. Mein Eindruck ist, dass das Team ähnliche Verhaltensweisen und Reaktionen auf die Verletzung durch die ›Zwangsunterbringung‹ in der psychiatrischen Klinik zeigt wie ihre Klientinnen, mit denen sie sich immer wieder in solchen Situationen befinden. Der Rückzug aus der Kommunikation und ihr Abbruch ebenso wie die Suche nach dem oder der Schuldigen, begleitet mit Ohnmachts- und Angstgefühlen, die auch in der Beratung mit Klientinnen Thema ist, lassen das Team die Realität ihrer Einflussnahme verkennen.

Bearbeiten unbewusster Aspekte

Um einen ersten Zugang zum Team und seiner Kommunikation zu bekommen, gestalte ich deshalb den Anfang des Supervisionsprozesses mit dem Aufzeigen der Organisationsstruktur und Diskussion darüber im Fishbowl (s. Abschn. 5.1.6). In drei aufeinanderfolgenden Supervisionssitzungen will ich mittels einer gestalterischen Übung unbewusste Aspekte, die sich in ihrer Beziehungsarbeit mit den Klientinnen im Team reinszenierten, deutlich machen.

Erste Supervisionssitzung: Der Auftrag an das Team lautet: ›Teilen Sie sich in zwei gleich große Gruppen. Jedes Teilteam überlegt sich eine Metapher für das Gesamtteam, seine Aufgaben und Rollen, und zeichnet sie auf ein Blatt Papier. Im Anschluss daran besprechen wir gemeinsam, welche Metapher gewählt wurde, wie die Zusammenarbeit gelungen ist und ob sich alle in ihren Rollen und Aufgaben wiederfinden können.‹ Das Team teilt sich rasch auf. Teilteam I, neun Personen, setzt sich hauptsächlich aus den Psychologinnen, Assistenzärztinnen, Pflegefachkräften und Sozialarbeitenden zusammen. Im Teilteam II, acht Personen, befindet sich das Leitungsteam, Pflegefachkräfte und Psychologinnen. Teilteam I findet schnell in die Arbeit. Mit viel Gelächter und Diskussionen zeichnen sie einen bunten Zirkus. In der Manege wird ein Team sichtbar, das verschiedene, teilweise recht halsbrecherische Zirkusnummern aufführt. In der Mitte thront die leitende Ärztin, die das Team, aber auch zwei weitere Mitglieder des Leitungsteams mit einer Peitsche antreibt. In verschiedenen Wohnwagen außerhalb der Manege ist die Geschäftsleitung der Psychiatrischen Klinik untergebracht, die ihre Arbeit hinter geschlossenen Türen verrichtet. Teilteam II findet dagegen mit nur großer Mühe in die Arbeit. Unter zähen Verhandlungen einigt es sich schließlich darauf, ein Kriegsschiff zu zeichnen, dessen Kanone auf eine kleine Insel gerichtet ist, auf der sich die Geschäftsleitung der Psychiatrischen Klinik befindet. Die Mitglieder dieser Gruppe zeichnen nur sich selbst in ihren Rollen und ihren Aufgaben, aber im Gegensatz zu Teilteam I in Bezug zu ihren Klientinnen, die als Ertrinkende im Wasser dargestellt werden, denen ein Rettungsring zugeworfen wird. Als Geist auf dem Oberdeck des Schiffes und mit einem Stethoskop ausgerüstet, stehe ich als Supervisorin.

Beide Bilder werden nun nebeneinandergehängt. Die Teilteams äußern sich zu ihrer Zusammenarbeit. Die Mitglieder des Teilteams I erzählen begeistert, wie sie beim Zeichnen des Bildes Freude an der Arbeit gefunden haben. Dass es aber schwierig gewesen sei, die einzelnen Kolleginnen in ihren Rollen und Aufgaben zu zeichnen. Schließlich wollen sie keine Person verletzen. In dem Zirkusbild können sich alle, außer der leitenden Ärztin, in ihren Rollen und Aufgaben wiederfinden. Einigen fällt auf, dass im Zirkus keine Zuschauerinnen (Klientinnen) zu finden sind. Teilteam I zeigt sich enttäuscht, dass das Teilteam II sie nicht auf dem Schiff berücksichtigt. Teilteam II berichtet, wie schwer es ihm gefallen ist, in die gemeinsame Arbeit zu kommen. Niemand will den Anfang machen. ›Dann habe ich, als leitende Ärztin, mal wieder den Anfang gemacht. So, wie es immer ist, wenn keiner sich bereit erklärt.‹ Beide Teilteams bemerken, dass sich eine luftige Atmosphäre und eine schwere, durch zähes Miteinander gekennzeichnete Atmosphäre gegenüberstehen. Zu meiner Rolle als Geist mit Stethoskop frage ich, was für eine Art von Geist ich bin und ob denn das Team krank ist? Die spontane Antwort zweier Teammitglieder des Teilteams II lautet: ›Ja, wir haben ein Herzleiden und Asthma.‹ Als Supervisorin sei ich noch nicht so fassbar und deshalb als Geist dargestellt. Die Anfrage des Teilteams I, wie sie auf das Bild des Kriegsschiffes gekommen sind, wird mit ›Wir müssen uns vor erneuten Angriffen der Geschäftsleitung schützen und wehren‹ kommentiert. Während der Besprechung bemerke ich, dass ich durch die Äußerungen der Einzelnen sehr vorsichtig werde, Herzklopfen bekomme und denke, dass ich bloß nichts falsch machen darf, um nicht auf eine ›Mine zu treten‹. Denn neben der Angst spüre ich auch großen Ärger auf das Teilteam II in mir hochkommen, das der Aufgabe, *alle* Teammitglieder in das Bild zu zeichnen, nicht nachgekommen ist. Die Angst und der Ärger halten mich zunächst in Schach. In beiden Bildern, die gezeichnet wurden, sind untergründig Aggressivität und die Angst davor spürbar. Aggressivität, die gegen sich selbst gerichtet ist, wird für mich im Zirkusbild – als halsbrecherische Übungen am Trapez, ohne Netz und doppelten Boden – sichtbar. Die Kanone, die auf die Geschäftsleitung gerichtet wird, ist selbst redend und wird vom Teilteam II auch verbal entsprechend angedeutet. Neben Angst und Aggressivität ist auch eine hohe Verletzlichkeit des Teams spürbar. Das Team kennt diese Gefühle aus seiner Arbeit mit den Klientinnen. Mit psychisch beeinträchtigten Menschen zu arbeiten bedeutet unter anderem, immer wieder mit deren Verletzlichkeit, Angst oder auch Aggressivität in der psychischen Erkrankung umzugehen. Die quälenden Gefühle, die die Klientinnen auf ihre Betreuerinnen projizieren, sollten von den Betreuerinnen aufgenommen, ›contained‹, und in ›entgifteter Form‹ wieder zurückzugeben werden. Mit dieser Verarbeitung des Geschehens und den bei mir entstandenen Gefühlen kann ich in der anschließenden Sitzung intervenieren.

Zweite Supervisionssitzung: Aus zwei Bildern wird eins. Welche gemeinsamen Themen und Stimmungen sind sichtbar? Für diesen Austausch wähle ich den Fishbowl, Diskussion im Innenkreis mit einem von mir geleiteten Teilteam, Beobachtung im Außenkreis durch das andere Teilteam. Teilteam II sitzt mit mir im Innenkreis, Teilteam I hat den Auftrag, zu beobachten und nachzuspüren, welche Gefühle und Bilder sich bei ihm während der Diskussion zeigen, und sie im Anschluss zu Verfügung zu stellen. In der darauffolgenden Diskussion im Innenkreis beschreibt das Teilteam II, dass ihm an beiden Bildern die Beziehungslosigkeit untereinander, aber auch in Hinsicht auf die Klientinnen auffällt. Es gibt keinen Austausch, jeder und jede ist mit sich selbst und den Aufgaben beschäftigt. Die Teammitglieder finden es schwierig, mit dem Leitungsteam zusammenzuarbeiten und sich zu exponieren. ›Denn schließlich ist das immerhin die Leitung, und man weiß nie, wie unser Verhalten bewertet wird. Das ist im Arbeitsalltag genauso.‹ Das Leitungsteam bestärkt diesen

Eindruck. Kritisches Hinterfragen ist nicht möglich, weil niemand den anderen verletzen will. Das Misstrauen ist größer als das Vertrauen. Die Resonanz aus der Beobachtungsgruppe: Beim Zuhören ist ihnen aufgefallen, dass vieles auf der sachlich-beschreibende Ebene abgehandelt wird. ›Das tragen wir wie einen Schutzschild vor uns her, um nicht verletzt zu werden. An diesem Schild prallt alles ab. Hinter dem Schild sind die Gefühle versteckt. Zum Beispiel die Scham, sich zu blamieren, wenn man über Klientinnen sprechen soll, bei denen die Beratung unglücklich verlaufen ist. Oder der Ärger, wenn Absprachen nicht eingehalten werden.‹ Untergründig haben sie eine Dauerspannung gespürt, die sie kaum ausgehalten haben und die sie zunehmend aggressiv gemacht hat. Die Auswertung im zweiten Durchgang – Teilteam I sitzt im Innenkreis, Teilteam II beobachtet und gibt im Anschluss ein Feedback – ergibt ein ähnliches Bild. Teilteam I erlebt sich ohne Leitung als weniger kontrolliert und zurückgebunden. Das macht es für sie leichter, meinen Auftrag zu erfüllen. Inhaltlich zeigt sich das gleiche Bild, das bereits von Teilteam II beschrieben wird. Auffällig ist, wie sie mit sich selbst als Team und der Leitung beschäftigt sind, sich gegenseitige Schuld zuweisen und darüber ihren Auftrag und ihre Aufgaben ausblenden. Die hohe Verletzlichkeit im Team, die eine Beziehung verhindert, in der man sich auch einmal über den anderen ärgern kann, wird dem Team der Beratungsstelle in dieser Auswertung bewusst.

Dritte Supervisionssitzung: Auch für diese Sitzung greife ich auf den Fishbowl zurück. Dieses Mal mit Verschnittgruppen, jeweils Mitgliedern des Teilteams I und Teilteam II in der Mitte. Zusätzlich werden zwei leere Stühle in der Mitte dazugestellt, damit der Außenkreis sich an der Diskussion beteiligen kann. Diese Stühle werden, nach kurzem Mitdiskutieren, wieder freigegeben. Als Supervisorin stelle ich dem gesamten Team meinen Eindruck aus dem Vorgespräch und der Diskussion der letzten beiden Supervisionssitzungen zur Verfügung: mein Bild der Zwangseinweisung mit den entsprechenden Gefühlen der Verletzung und des dadurch verursachten Schmerzes, des Ärgers und der Trauer über den Verlust der vorhergehenden Autonomie, mit den entsprechenden Abwehrmechanismen wie Schweigen und Kontaktabbruch. Ich frage das Team, ob mein Eindruck der Zwangseinweisung stimme, und ob ihm in diesem Zusammenhang das Verhalten aus den Bereichen seiner Arbeit bekannt vorkommt. In der darauffolgenden Diskussion wird dem gesamten Team bewusst, dass es in der Beratung Ähnliches erlebt und sich schuldig an der Situation der Klientinnen fühlt. ›Auch die Klientinnen tragen einen Schutzschild vor sich her und versteckten so ihre innerliche Befindlichkeit wie Angst, Trauer, Ärger und Schmerz. Das verhindert, dass unser Blick als Beraterinnen auf die Aktivierung der Ressourcen der Klientinnen oft verschleiert ist.‹ Aufgrund dieser Erkenntnis wollen das Team und das Leitungsteam ihre eigenen Ressourcen aktivieren und das Feedback mehr nutzen.

Fazit: ›Die Dinge müssen sich sanft entwickeln, in vielen Anstrengungen, aber ohne Angst und Zwanghaftigkeit.‹ Dieses Zitat von Carlos Castaneda begleitet mich in all meinem supervisorischen Tun. Insbesondere dann, wenn ich ungeduldig werde und der Druck auf mich als Supervisorin, der in großen Kleinteams vermehrt entsteht, zu groß wird. Unbewusstes in der Supervision von großen Kleinteams bewusstzumachen ist möglich, bedeutet aber, dass die Supervisorin auf das Geschehen starken Einfluss nimmt und die Gruppe im Supervisionsprozess durchgehend steuert. Mit diesem Vorgehen steht sie als Leitung im Vordergrund und wird oft als bessere oder schlechtere Teamleitung verkannt. Es bedarf immer wieder der Anstrengung, auf die Rolle der Supervisorin hinzuweisen, die einen Prozess der Reflexion anregt und ermöglicht. Darüber hinaus ist es für mein supervisorisches Verständnis wichtig, dass das Team in den Austausch kommt, miteinander spricht und Strategien entwickelt; zum Beispiel bei Konflikten, die im Arbeitsalltag wirksam werden. Da in den Organisationen oft kein längerfristiger Supervisionsprozess angedacht wird, führt der Zeitdruck zu mangelnden Entwicklungsmöglichkeiten hinsichtlich des Austausches und Gesprächs der Supervisandinnen untereinander. In kleinen Teams kann die Supervisorin die Selbststeuerung des Teams besser initiieren und damit den Prozess des Austausches besser fördern. Meine Erfahrung zeigt, dass letzteres Vorgehen nachhaltiger in Teams wirkt. Dafür, diese Nachhaltigkeit auch in großen Kleinteams zu bewirken, wäre es sinnvoll, Supervisionsprozesse für große Kleinteams in längeren Zeiträumen und gemeinsam mit einer Kollegin durchzuführen, um einerseits den Fokus auf die Leitung zu entlasten; andererseits könnte dieses Setting gegebenenfalls die Durchstrukturierung der Supervision etwas mildern und die Selbststeuerung des Teams fördern.« [A. A.]

4.6 Einsichten einer Jungsupervisorin

»Arbeitet man mit großen Kleingruppen, stellt sich als Herausforderung für die Supervisorin zumeist, dass bei enger Zeitbegrenzung viele Beiträge erfolgen und möglichst jeder Teilnehmende beteiligt und berücksichtigt sein soll.

In der Praxis habe ich erfahren, dass dies mittels eines klassischen Fallsupervisionsschemas (beispielsweise nach Lippmann 2004) nicht immer gelingt. Dies kann zu Unmut und Unzufriedenheit auf beiden Seiten führen: aufseiten der Supervisanden wie auch aufseiten der Supervisorin. Aus dem Antrieb meiner eigenen Unzufriedenheit heraus begann ich, die Methoden, die in unzähligen Büchern zu finden sind, individuell anzupassen. Dies mit der Zielsetzung, den Zeitaufwand zu verringern und alle Teilnehmenden ›aktivieren‹ zu können. Wobei ›aktivieren‹ beispielsweise im Fall eines müden Supervisanden auch bedeuten darf, dass dieser die Rolle des ›unbeteiligten Dritten‹ einnimmt und seine Beobachtungen oder Wahrnehmungen abschließend zur Verfügung stellt.

Von den genannten Methodenbüchern finden sich zahlreiche ›dicke Wälzer‹ in der Fachliteratur, die mehr oder minder befriedigend sind. Während meines Studiums ›Supervision‹ habe ich mir eine Vielzahl davon einverleibt. Carla van Kaldenkerken (2014) bietet auf über 400 Seiten eine große Auswahl an Methoden, mit klaren Richtwerten, wann und wie sie einzusetzen sind. Wie ihr Titel *Wissen, was wirkt* schon sagt, geht es darum zu wissen, was man wo, wie und wann anwendet. Dies verleitet gerade Supervisorenneulinge wie mich dazu anzunehmen, man könne eine Supervision nach einem klaren Schema gestalten, seinen Koffer mit Methoden auspacken und liefere damit eine gute Supervision ab. Wie gesagt, kam ich damit nicht weit. Ich nutze diese Bücher heute als Impulse, um eigene Methoden, die zu mir wie auch zu meinen Klienten passen, zu entwickeln. Manchmal bleibe ich dabei recht nah am Vorbild, manchmal führen mich meine methodischen Ideen weit von der Vorlage weg. Auch Einteilungen, welche Methoden für Fallbearbeitungen und welche für Teamentwicklung geeignet sind, halte ich inzwischen für hinfällig. Mit ein wenig geistiger Beweglichkeit lassen sich die meisten nämlich in die entsprechende Ausrichtung biegen. Wie zumeist, kommt es darauf an, welche Brille man sich aufsetzt.«

Diese bemerkenswerten Einsichten einer jungen Kollegin – es ist wieder Patricia Kramer – sind der geeignete Einstieg in Kapitel 5; verbunden mit der Aufforderung an die Leser und Leserinnen, die dort gegebenen methodischen Anregungen in dem Sinne zu verstehen, wie Patricia Kramer es beschreibt.

4.7 Fazit

- Wenn auch das Format »Supervision« als solches unabhängig vom Berufsfeld ist, so zeigt es in den Berufsbereichen, in denen meine Kolleginnen und ich überwiegend tätig sind, spezifische Ausformungen. Dazu gehört, dass große Teams gar nicht miteinander arbeiten, sondern dass ihr Tun unter einer Teamideologie lediglich so bezeichnet wird. Es gehört weiter dazu, dass die Grundbefindlichkeit der Klientel im Sinne der Spiegelung auf die Mitarbeitenden, die Teamorganisation und die gesamte Struktur der Organisation »abfärbt«.

- Supervision wird gerade in beruflichen Bereichen, in denen finanzielle Mittel beschränkt sind, von Organisationen benutzt zur Ruhigstellung der Mitarbeiter und zur Rechtfertigung prekärer Arbeitsverhältnisse. Hier bedarf es eines klaren Blickes seitens des Supervisors, um nicht mitzuwirken an Strategien der Beschwichtigung und Ausbeutung der Mitarbeiter. Die Größe von Teams ist dabei ein Kriterium – nicht jedes »Darf es auch ein bisschen mehr sein?« ist zu akzeptieren.
- Die Übergänge zwischen Fallsupervision, Teamsupervision, Teamentwicklung und Organisationsentwicklung sind fließend. Gerade deshalb ist es erforderlich, bei der Kontraktierung klar zu sein – sonst holt einen die Unschärfe ein.
- Der Supervisor ist kein »Monolith« (s. Kap. 1), sondern reagiert auf das Umfeld, in dem er arbeitet. Die Arbeit mit großen Kleingruppen und Großteams verändert ihn, seine Wahrnehmung und seine professionelle Haltung.

5 Methodik supervisorischer Arbeit mit großen Kleingruppen

5.1 Jede Supervisionsgruppe beginnt einmal

Primär ist das Format – oder Verfahren – »Supervision« definiert durch Kontinuität. Aber irgendwann *beginnt* eine Supervisionsgruppe, die sich zusammenfindet (wie z. B. eine Regionalgruppe der DGSv) oder zusammengerufen wird (eine TZI-Ausbildungsgruppe, bei der 15 Personen der Schnitt sind, s. o.). Oder, seltener, ein Team setzt sich neu zusammen und will diesen Prozess von Anfang an supervisorisch begleitet wissen. Dieses Glück ist mir widerfahren vor vielen Jahren, als sich das Kollegium einer neuen Modellschule gleich von Beginn an supervisorisch begleiten lassen wollte. Wenn sich, bei einem Supervisionsgruppenangebot auf dem freien Markt, oh Wunder, nicht nur sieben, sondern 14 Interessentinnen melden, besteht die Möglichkeit der Gruppenteilung – für den Supervisor Mehrarbeit bei gleichem Verdienst. Oder man riskiert den Ritt auf dem Tiger und mutet sich eine große Kleingruppe zu ...

Oder es geht um den anderen Anfang: Der Supervisor kommt neu in das Pflegeteam einer psychiatrischen Station. Dieses Team von etwa 20 Personen sieht sich außer in der Supervision niemals komplett. Hier muss er sich als von außen Kommender hineinfinden. Oder in ein Lehrerkollegium, das in der Krise ist. Dann kennt sich das System zwar schon und manchmal schon recht lange – aber der Supervisor muss den Anschluss finden. Es gilt, sich allen bekannt zu machen und so viel über die Kultur des Teams in Erfahrung zu bringen, dass er arbeitsfähig ist. Dieser Art des Anfangs ist ein eigener Abschnitt gewidmet – Abschnitt 5.2.

Eine weitere Anfangssituation besteht darin, dass in einem Großteam ständig Personen sich verabschieden und neue dazukommen. Sei es eine Anerkennungspraktikantin oder die Rückkehr vom Mutterschaftsurlaub: Es gibt dann jedes Mal einen kleinen Neubeginn – denn jede personelle Veränderung erfordert eine Neutarierung der interpersonellen Beziehungen. Dazu eignen sich Ein- und Ausstiegsrituale. Da können manche Systemiker noch so sehr behaupten, dass es um Rollenträger und nicht um Individuen geht: Solche personellen Veränderungen erfordern *personenbezogene* Interventionen seitens des Supervisors.

Was in einer Gruppe von sieben oder acht Leuten Sinn ergibt, nämlich eine persönliche Vorstellung – in einer Runde oder in freier Abfolge –, verbietet sich in einer großen Kleingruppe: So viel Information kann niemand aufnehmen, und wenn man die originäre, kaum ausrottbare Gruppendynamik in Betracht zieht, dass in einer Runde die Beiträge von Person zu Person kontinuierlich länger werden, wird klar: Das kann nur langweilig bis ätzend werden. Es gilt, den Verzicht zu üben, dass sich jede Person jeder anderen vorstellt, und ein Design zu wählen, das einigermaßen kurzweilig bleibt und dennoch effizient ist in dem Sinne, dass möglichst viele Namen mit möglichst vielen Informationen über die jeweilige Person bei möglichst vielen Beteiligten hängen bleiben. Mit Methoden der Kleingruppenarbeit in großen Kleingruppen zu operieren ist ein fundamentaler Irrtum und gaukelt ein »Familienmodell« vor, das nicht einzulösen ist. Da bedarf es der Fantasie und Kreativität, um abzuschätzen: Was geht in *dieser* Situation – und was nicht?

Bei den folgenden Übungsvorschlägen werde ich die kürzestmögliche Form der Beschreibung wählen – gerade so viel, dass jemand, der mit Methoden der Erwachsenenbildung vertraut ist, eine Anregung zu einer situationsangemessenen Durchführung findet – so wie es am Ende des vorigen Kapitels beschrieben ist. Damit ist auch die eigene Kreativität angesprochen: Diese Übungsvorschläge hier sind nicht die »einzig richtigen«, sondern aus der Praxis entstanden und vielfach modifiziert worden. Machen Sie jeweils das daraus, was für die gegebene Situation am besten passt! So sind z. B. die Übungen 5.1.1 bis 5.1.3 recht »steile Einstiege«, bei denen gut zu überlegen ist, wohin sie passen und wen sie überfordern würden.

Es sind weiterführende Hinweise beigefügt, wo sich solche Übungen in ausführlicherer und mit Theorie und Materialien angereicherter Form finden. Dabei werde ich mich häufig auf unser eigenes Opus berufen, die *Praxis der Gruppendynamik*, die zusammen mit meinen Kolleginnen vor wenigen Jahren völlig überarbeitet und neu aufgelegt wurde (Antons, Ehrensperger u. Milesi 2019). Da Verweise darauf recht häufig sind, begnüge ich mich mit dem Kurzverweis *Praxis* und dann der Seitenzahl, unter der die betreffende Übung zu finden ist. Sehr viele hier nicht angemerkte Übungsanlagen sind bei Ballreich und Glasl (2007, 2011) zu finden bzw. entsprechend umzuarbeiten, da sie sich auf Mediation beziehen.

5.1.1 Schiffe auf See

Dies ist eine unkonventionelle, metaphorische und dabei vergnügliche Form, in einer großen Kleingruppe, die sich neu zusammenfindet, Kontakt aufzunehmen. Der Marktcharakter bedingt, dass nicht alle Menschen sich kennenlernen. Die Anleitung zu dieser Übung kann lauten (*Praxis,* S. 44):

> »Bitte stellen Sie sich vor, Sie seien kein Mensch, sondern ein Schiff. Welche Art von Schiff – vom kleinsten Kahn bis zum größten Ozeanriesen – spiegelt am ehesten Ihre augenblickliche Verfassung in dieser Situation hier wider? Wenn Sie Ihr Bild gefunden haben, stehen Sie auf, und seien Sie für die nächsten 20 Minuten dieses Schiff – allerdings können die Schiffe hier sprechen. Sie können mitteilen, welches Schiff Sie sind, woher Sie kommen und wohin Sie fahren, was Sie geladen haben usw. Nehmen Sie auf diese Art Kontakt auf zu den anderen Schiffen, versuchen Sie zu erfahren, welche anderen mit Ihnen in See stechen, legen Sie an, tauschen Sie sich aus und fahren Sie weiter zum nächsten Schiff!«

Die Leitung kann auf der metaphorischen Ebene als Sturm, Flaute oder Leuchtturm den Prozess steuern. – So kann es aussehen, wenn in einer ähnlichen Übung ein Kapitän, eine Kapitänin und eine Freibeuterin um das Ruder kämpfen:

Abb. 13: Schiffsbesatzung – mit drei Kapitänen/Kapitäninnen

5.1.2 Visitenkarte der anderen Art

Auch bei dieser Übung (*Praxis,* S. 44) müssen/können aufgrund der offenen Marktsituation sich nicht alle begegnen. Die Aufgabenstellung ist ziemlich anfordernd, sodass man drei bis maximal fünf Durchgänge machen sollte. Eine mögliche Instruktion kann lauten:

> »Nehmen Sie einen DIN-A3-Bogen, und schreiben Sie in die Mitte, wie Sie angesprochen werden möchten, und ein Wort zu der Rolle, in der Sie hier sind. Dann schreiben Sie in die linke obere Ecke eine Aussage zu ›Ich habe Angst vor …‹, in die rechte obere eine zu ›Ich habe Sehnsucht nach …‹, in die linke untere eine zu ›Ich kämpfe mit …‹, in die rechte untere eine Aussage zu ›Ich bin stolz auf …‹.
>
> Gehen Sie, sobald alle fertig sind, in einer Art Marktsituation umher, halten Sie ihr Blatt vor sich, und suchen Sie jemanden, mit dem oder der Sie bereit sind, diese Aussagen auszutauschen. Nach drei (oder vier) Minuten ertönt eine Glocke; dann bitte jemand Neues suchen.«

5.1.3 Lawine und Kugellager

Für Gruppen zwischen zehn und 20 Personen bietet sich eine Kombination aus zwei Übungsanlagen an (*Praxis,* S. 47; Brühwiler 1994, S. 43, auch verfügbar unter: https://www.vormbaum.net/index.php/download-center/unterrichtsmethoden-allgem-methoden/151-lawine-wachsende-gruppen/file [2.2.2022]). Mit beiden Übungen zusammen ist gewährleistet, dass sich alle Teilnehmerinnen begegnen. Mit »Lawine« sind folgende Schritte beschrieben (vgl. Abschn. 2.4, Appreciative Inquiry):

- Es finden sich in freier Wahl jeweils zwei Personen; sie haben zwei Minuten Zeit. sich zu unterhalten, entweder im freien Austausch oder zu einer gestellten Frage (etwa: »Was erhoffe ich mir von dieser Gruppensupervision?«).
- Jeweils zwei Paare tun sich zusammen und haben vier Minuten Zeit; freier Austausch oder zu einer gestellten Frage.
- Zwei Vierergruppen verbinden sich und haben acht Minuten Zeit; freier Austausch oder zu einer vorgegebenen Frage.

Das »Kugellager« strukturiert die nachfolgenden Schritte:

- Die Hälfte der Gruppe (idealerweise diejenigen, die sich bereits begegnet sind) bildet, stehend oder sitzend, einen Innenkreis, Blick nach außen; die andere Hälfte einen Außenkreis, Blick nach innen, sodass sich immer zwei Personen gegenüberstehen oder -sitzen. Die Gegenüber haben einige festgelegte Minuten Zeit, sich über ein vorgegebenes Thema oder frei zu unterhalten.

- Auf ein Signal hin wechseln alle im Außenkreis ihre Position im Uhrzeigersinn (alternativ kann auch der Innenkreis wechseln).
- Dies wird so oft wiederholt, bis jede/r mit jedem/jeder einmal in Kontakt gekommen ist.

Hinweis: Wenn mit vorgegebenen Fragen oder Themen gearbeitet wird, empfiehlt es sich, sie laufend und für alle sichtbar zu visualisieren.

5.1.4 Soziometrische Tableaus

Der Supervisor oder die Supervisorin bittet die Teilnehmenden, aufzustehen, Stühle und persönliche Gegenstände wegzuräumen und sich auf der freien Fläche einzufinden (Praxis, S. 55 ff.).

Als Einleitung eignet sich ein kurzer Verweis auf alternative Formen des Kennenlernens, auf Morenos Soziometrie, Satirs Familienskulpturen und systemische Aufstellungen. Es geht dabei darum, Unterschiede in dieser Gruppe, die Unterschiede machen, sichtbar zu machen.

- Wer kennt wen am längsten? Jede und jeder legt der Person, die sie/er am längsten kennt, die rechte Hand auf eine Schulter. Die Supervisorin kann die entstandenen Gebilde befragen: Welche Vorbekanntschaft wird hier ausgedrückt? Woher und seit wann kennen Sie sich? Wie ist es, alleine hier zu sein oder mit einer schon vertrauten Beziehung?
- Frauen, Männer: Die beiden Gruppen stehen sich gegenüber. Ein Gespräch darüber anregen: Wie wird die Verteilung empfunden? Wie könnte die Verteilung hier den Supervisionsprozess beeinflussen?
- Alter: die Teilnehmenden bitten, ohne zu sprechen und ohne Zeichensprache, sich in einem Halbkreis nach dem vermuteten Alter aufzureihen. Nachher darf gesprochen werden: Der Supervisor erfragt der Reihe nach den Geburtsjahrgang; der Platz wird bei falscher Einschätzung berichtigt. – Gespräch über Alter und Anfangssituation, die Exponenten an den beiden Polen besonders ins Gespräch einbe-

ziehen, auch die Altersspanne der Gruppe beleuchten. Hinweis auf Eltern-Kind-Bilder, eigene Annahmen vor der Supervisionsgruppe etc.

- Sprachliche Identität: Die Teilnehmenden bilden Cluster gemäß ihrer sprachlichen Herkunft oder Identität. Dazu müssen sie miteinander reden und herausfinden, woher sie kommen, in welcher Sprache sie denken, sich zu Hause fühlen etc. Danach die so entstandenen Gruppierungen im Plenum zu Wort kommen lassen. In einer Zeit der Globalisierung und der Migration gewinnt der Sprachaspekt zunehmend an Bedeutung.
- Sonstige Verbindungen (Paare, Kollegen, Geschwister, Hierarchien etc.) erfragen.
- Wie freiwillig sind Sie da? Auf einer Skala aufstellen lassen. Pole 1 und 10 vorher benennen (bei verordneten Teamsupervisionen).

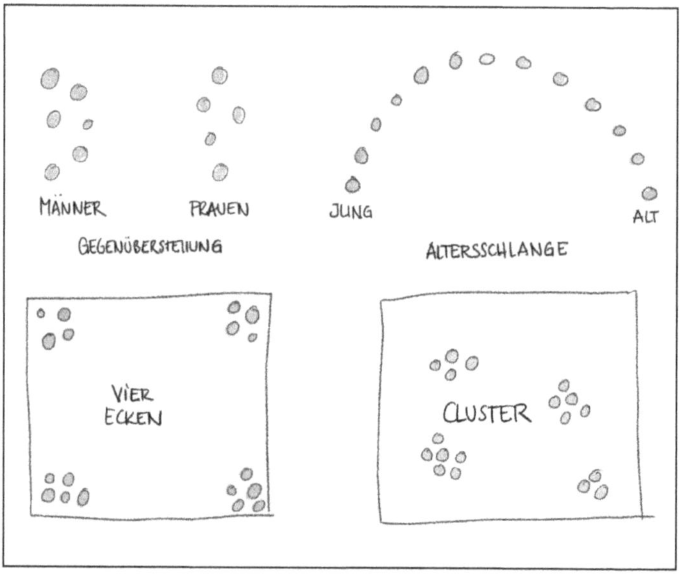

Abb. 14: Gegenüberstellung, Schlange, vier Ecken, Cluster

Oft wollen die Teilnehmenden noch andere Unterschiede erheben: Zivilstand; wer hat Kinder, wer keine; Beruf/Branche, Selbstständige/Angestellte; wer kommt aus welchen Bundesländern/Kantonen etc.; Religion; Stadt/Land? – Wenn mehrere Impulse da sind, sollte die

Supervisorin bis zu zwei Vorschläge wählen, die für die Gruppe und die Supervision relevant sind.

Technisch bieten sich, wie Abbildung 14 zeigt, folgende Formationen an: Gegenüberstellungen (Männer/Frauen), vier Ecken des Raumes (Krankenschwestern/Ärzte/Sozialarbeiterinnen/Verwaltungskräfte; Einzelkind/ältestes/mittleres/jüngstes Kind in der Herkunftsfamilie), Schlangen (vermutetes Alter, bisherige Supervisionserfahrung), Inseln oder Cluster im Raum (sprachliche Identität; geboren/aufgewachsen in welchem Bundesland Deutschlands); aber auch hier nicht dargestellte Skalierungen von 1 bis 10 (freiwillig–unfreiwillig).

5.2 Wenn ich als Supervisor neu in ein Team komme …

… dann ist die Startsituation eine deutlich andere. Dann kennen sich alle Supervisandinnen untereinander mehr oder weniger gut (Großteams in Institutionen mit Schichtbetrieb sehen sich unter Umständen vollständig nur in der Supervision; vgl. Abschn. 4.4), aber ich bin das neue Element. Es geht also um *mein* Ankoppeln an ein bestehendes System. Reihum sich alle vorstellen lassen ist in einem großen Team so ungefähr die dümmste Form, das zu erreichen. Eine humorvollere und bisher immer gelungene Form lässt sich mit einer Seite aus einem Asterix-Heft bewerkstelligen. Es handelt sich um die Seite 26 aus dem Asterix-Band Nr. 22, *Die große Überfahrt,* von Goscinny und Uderzo. Leider hat der Verlag den Abdruck dieser Seite nicht genehmigt, deshalb muss hier die verbale Beschreibung und der Verweis genügen (s. a. *Praxis,* S. 397). Vielleicht finden sich geeignete Szenen auch bei *Vater und Sohn, Hägar der Schreckliche* und anderen Cartoon-Serien.

5.2.1 Wir sind Gallier

Als Einführung lässt sich etwa sagen:

> »Ich kenne dieses Team noch gar nicht – und Sie mich auch nicht. Wir werden aber miteinander arbeiten, und ich bin neu, während Sie schon eine Geschichte miteinander haben. Zu dieser sozialen Situation gibt es eine schöne Geschichte: Wie Sie vielleicht wissen, haben die Gallier ja schon lange vor Kolumbus Amerika entdeckt. Und was Asterix und Obelix dabei geschieht, das können Sie auf dieser Comic-Seite sehen (Beamer-Projektion o. Ä. mit Paraphrasierung der einzelnen Cartoons).

Das ist auch unsere Situation, wenn auch gegenüber unseren Galliern und Indianern mit vertauschten Rollen. Ich stelle mir vor, ich komme als Anthropologe zu einem Stamm, von dem ich nicht weiß, wie die ticken.

Ich bitte Sie, sich in zwei (gegebenenfalls drei) Gruppen zu sechs bis sieben Personen aufzuteilen. Jede Gruppe versetzt sich in die Situation von Asterix und Obelix als vom Stamm der Gallier und versucht, einem fremden Häuptling, der zwar kein Indianer ist, aber gar nichts kapiert und die Sprache nicht versteht, über eine Pantomime deutlich zu machen: Was sind wir für ein Stamm? Was sind die uns wichtigen Glaubenssätze, Normen, Gewohnheiten und Vorlieben? Was lieben wir, und wovor haben wir Angst?

Sie haben zehn Minuten Zeit, Ihre Pantomime-Improvisation abzusprechen, dann zeigen Sie, ohne Sprache, mir als Fremdem, wer Sie sind.«

Nach der Vorbereitungszeit finden zwei oder drei Pantomimenspiele statt; der Supervisor rät, was der Stamm über sich aussagen will. Dabei kann er durchaus einige Hypothesen wagen und sich damit auch selber sichtbar machen. Je nachdem, wie viel das Team bereits über mich weiß, kann er sich dann selber vorstellen.

Diese Übung lässt sich dahin gehend modifizieren, dass der Supervisor neue Teammitglieder, die auch zum ersten Mal dabei sind, »auf seine Seite« zieht, mit ihnen zusammen rät und ihnen den Anschluss ermöglicht.

Abb. 15: Absprache für die Pantomime

5.3 Repräsentanzmethoden: Arena oder Manege

Wie bereits ausgeführt, ähneln Repräsentanzmodi eher dem, was in psychoanalytisch geführten, mit Minimalstruktur operierenden Großgruppen oder gruppendynamischen Plena als Spontanprozess meist geschieht: dass sich je nach Kräftekonstellation einige wenige Protagonisten das Feld teilen und die jeweiligen Themen und Konflikte mit verteilten Rollen agieren. Das kann der Kampf gegen den Leiter im klassischen freudschen Vatermorddrama sein, die in Bions Grundannahme des Pairing (Bion 1971) sich ereignende Findung eines Paares mit entsprechenden Erlöserfantasien, der Kampf rivalisierender Untergruppen, die Dynamik der soziodynamischen Grundformel nach Schindler (2016) – oder was auch immer. Das zentrale Geschehen findet sozusagen in der Arena (oder etwas weniger militant: der Manege) statt: In der imaginären Mitte ereignet sich das große Theater, ein überwiegender Teil der Großgruppe bleibt in einer rezeptiven und beobachtenden Position, nimmt sehr wohl teil, aber nicht manifest.

Das, was in der analytischen Großgruppe oder im gruppendynamischen Plenum spontan geschieht, lässt sich für große Supervisionsgruppen, in geringerem Maße auch für Teams als Struktur methodisch herstellen: Eine kleinere oder größere Subgruppe nimmt in der Mitte des Kreises Platz und verhandelt den Fall oder das Konfliktthema; das kann von der Minimalvariante ausgehen, dass ein Supervisand und ein Supervisor in der Mitte sitzen, über eine Kleingruppe von drei bis vier Mitsupervisoren bis dahin, dass die eine Hälfte der Großgruppe im Innen-, die andere Hälfte im Außenkreis sitzt. Die außen sitzende »Resonanzgruppe« (eine Außengruppe, die mitschwingen soll) gibt anschließend eine Rückmeldung. Von diesem Grundmuster werden im Folgenden eine Reihe von brauchbaren Varianten vorgestellt.

Dieses Vorgehen lässt sich auch mit dem gestalttheoretischen Verständnis von Figur und Hintergrund beschreiben. Die Protagonisten in der Mitte stellen eine Figur dar, die aber nur vor dem Hintergrund der Resonanz einen Sinn ergibt. Oder: Jedes Ereignis im Vordergrund bezieht die gesamte, im Hintergrund sitzende Gruppe mit ein. Ruth Cohn hat diese Verschränkung aufgenommen und erweitert, wie der Beitrag von Sabine Kvapil (Abschn. 2.6) verdeutlicht.

Bei dieser Teilung in einen Innen- und einen Außenkreis wird vor allem das Phänomen deutlich, das bis heute Diagnose- und Interventionsinstrument von Balint-Gruppen ist: das Spiegelungsphänomen. Es besagt, dass sich konflikthafte Strukturen und Prozesse, die über den Fallbericht und die Person des Ratsuchenden in die Supervisionsgruppe hereingetragen werden, im unbewussten Verhalten der Supervisionsteilnehmer widerspiegeln. Das ist ihnen oft nicht bewusstseinsfähig; normalerweise ist es Aufgabe des Supervisors oder der Supervisorin, darauf hinzuweisen (vgl. Abschn. 4.5). Wenn aber mit einem Außenkreis gearbeitet wird, kann man mit ziemlicher Sicherheit davon ausgehen, dass aufgetretene Spiegelungsphänomene von denen wahrgenommen werden, die für den ersten Arbeitsschritt »draußen« sind. Um es noch einmal in den Worten von König und Schattenhofer (2017, S. 59) zu formulieren:

> »In größeren Gruppen ab acht Teilnehmenden kann man nach der Fallauswahl die Gruppe in einen Innenkreis und einen Außenkreis aufteilen. Im Innenkreis wird der Fall bearbeitet, der Außenkreis beobachtet und kommentiert die Arbeit unter bestimmten Fragestellungen, z. B.: Was fehlt in der Bearbeitung durch den Innenkreis, was wird vermieden, nicht gesagt? Spiegelt sich etwas vom Fall in der Gruppe und, wenn ja, was?«

Diese Vorgehensweisen eignen sich in erster Linie für Fallarbeit in großen Gruppen und Teams. Sicher ist es auch möglich, bei manchen Teamkonflikten so zu arbeiten, aber dabei ist sehr genau darauf zu achten, ob man im Sinne von Seliger (2020, S. 37 f.) »das ganze System« nicht nur im Raum, sondern auch im Innenkreis sitzen hat!

5.3.1 Zwiebelschale, Fishbowl oder Aquarium

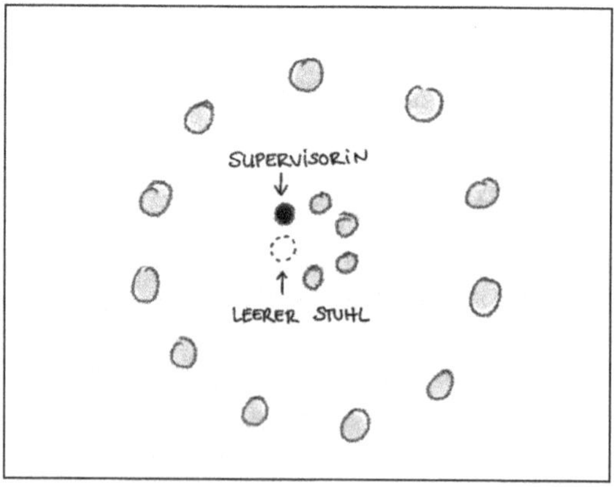

Abb. 16: Struktur des Fishbowl

Aus der Vielzahl der Namen ist ersichtlich, dass es eine uralte Übungsform ist, deren Urheberschaft unbekannt ist (vgl. *Praxis*, S. 96; Brühwiler 1994, S. 130, verfügbar unter: https://www.modu-lu.ch/wp-content/uploads/2019/10/Methode-Aquarium.pdf; außerdem: https://de.wikipedia.org/wiki/Fishbowl_(Diskussionsmethode [2.2.2022]). Das Wesentliche ist die Aufteilung in einen Innen- und einen Außenkreis. Darüber hinaus gibt es folgende Variationsmöglichkeiten:

- Die Gruppe teilt sich, bevor der Fallgeber sein Anliegen geschildert hat; er sitzt dann im Innenkreis – oder auch im Außenkreis.
- Die Fallgeberin schildert ihr Anliegen, danach teilt sich die Gruppe auf in diejenigen, die gleich mitmachen möchten (Innenkreis), und die, die noch etwas Distanz brauchen (Außenkreis). Damit lässt sich die Ungeduld des Außenkreises, endlich auch mal was sagen zu wollen, etwas reduzieren.
- Im Innenkreis ist ein freier Stuhl, der kurzzeitig besetzt werden kann. Reduziert die Ungeduld, bringt mehr Lebendigkeit, aber auch Unruhe in den Prozess.
- Der Supervisor sitzt mit im Innenkreis und strukturiert den Supervisionsprozess oder er sitzt im Außenkreis, ermöglicht im Innenkreis eine Peer-Supervision und bringt seine Voten zusammen mit dem Außenkreis ein.
- Die Außengruppe beobachtet frei oder bekommt Beobachtungsaufgaben (s. u., Abschn. 5.3.2).
- Nach Bearbeitung der Fallsituation und vor den Rückmeldungen der Außengruppe reflektiert die Innengruppe laut: Wie ging es uns unter Beobachtung?
- Statt Rückmeldungen von außen nach innen ist auch ein Platzwechsel möglich: Die Außengruppe geht in die Mitte und tauscht untereinander ihre Beobachtungen aus. Je nachdem, ob die Fallgeberin drinnen oder draußen war, modifiziert sich dieser Schritt.

Diese Varianten machen deutlich: Es gibt nicht DIE Methode, sondern es besteht die Möglichkeit für den Supervisor, je nach Einschätzung der Situation (mögliche Fragen: Wie supervisionskompetent ist die Gruppe/das Team? Welche Rangposition hat der Fallgeber im Team? Wie komplex ist die berichtete Fallsituation? Etc.) diese oder jene Variante zu wählen.

Wichtig ist auf jeden Fall die Zeitsteuerung. Da man als Supervisor selten unbegrenzte Zeit zur Verfügung hat, ist darauf zu achten, dass alle Schritte durchlaufen werden. Außerdem sollte man einer Außengruppe sicher nicht länger als eine halbe Stunde den Maulkorb anlegen ...

Abb. 17: Fishbowl

5.3.2 Beobachtungsaufgaben für den Außenkreis

Damit das leichter fällt, ist es sinnvoll, den jeweiligen Außenkreis mit Beobachtungsaufgaben zu betrauen – zwecks Erweiterung und Präzisierung von Rückmeldungen, aber auch als Beobachtungs-Lernprogramm für die jeweils Außensitzenden. Ich rege gerne die Beobachterinnen an, nicht sitzen zu bleiben, sondern aufzustehen, sich zu bewegen und unterschiedliche Perspektiven auf das Geschehen einzunehmen, wie in Abbildung 18. Da beide Teilgruppen die Rollen wechseln, dient das der Erhöhung der psychosozialen Kompetenzen in der gesamten Supervisionsgruppe/dem Team.

Dabei stellt sich die Frage: *Was* zu beobachten fördert den gesamten Supervisionsprozess? Soll es um die fachliche Qualität der Arbeit gehen? Soll es im Sinne der Spiegelung um eine diagnostische Hilfe für latente Teamkonflikte gehen? Soll es darum gehen, dass die Supervisanden lernen, genauer auf soziale Prozesse zu schauen – also mehr um ein Wahrnehmungstraining für die jeweilige Außengruppe?

Abb. 18: Der Außenkreis beobachtet

Je nach Antwort auf solche Fragen bieten sich folgende Beobachtungsaufgaben an:

- *Für den Spiegelungseffekt:* Während des Berichtes des Fallgebers auf die eigenen inneren Bilder – wie Filmtitel, Metaphern, Schlagertexte, Sprichwörter, Fantasien, Gefühle, Impulse wie »Nun, also so jetzt nicht!«, Identifikationen – achten und sie aufschreiben (vgl. Abschn. 3.3). Für die Diagnostik der Dynamik der Innengruppe: das Geschehen in der Innengruppe in Klimametaphern beschreiben (*Praxis*, S. 104).
- *Für Spannungen zwischen Inhalt und Kommunikation:* Ein Beobachterduo spricht sich ab: Einer verbindet sich die Augen, die andere stopft sich Ohropax in die Ohren. Alleiniges Hören (Lautstärke, Sprachmelodie, Sprachfluss, verbale Hemmungen, Ins-Wort-Fallen ...) oder alleiniges Sehen (Gestik, Mimik, Motorik, Augenkontakt ...), jeweils ohne den anderen Kommunikationskanal, gibt neue Informationen.
- *Für Entscheidungsprozesse in der Innengruppe:* Wie kommt die Gruppe zu ihren Entscheidungen (über Struktur, Vorgehen etc.)? Welche Entscheidungsmodi werden gewählt? (Vgl. *Praxis*, S. 232.)
- *Für die Qualität der supervisorischen Arbeit:* Wie weit werden alle gehört? Wie kommunikativ läuft der Dialog? Findet die Gruppe etwas heraus, das für den Fragesteller passt?

- *Für die persönliche Weiterentwicklung:* Jedes Mitglied im Außenkreis bekommt eine Person im Innenkreis zur Beobachtung zugeteilt (bzw. es teilen sich die Mitglieder selber zu) und gibt ihr nachher ein persönliches Feedback über ihr Verhalten in der Supervisionssequenz.
- *Für die Rang- und Machtverteilung in der Innengruppe:* Frei beobachten: Wer setzt sich mit seiner Meinung durch? Wer schneidet anderen das Wort ab? Wer wird immer wieder nicht gehört?
- *Ebenfalls für die Rang- und Machtverteilung in der Innengruppe:* ein Interaktogramm erstellen. Auf einer Matrix werden die Gesprächsteilnehmer nach ihrer Häufigkeit des Sprechens und Angesprochenwerdens aufgezeichnet.

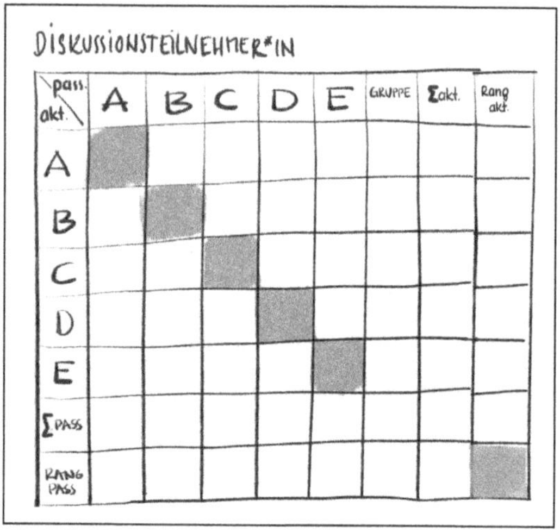

Abb. 19: Interaktogramm

Es gibt noch komplexere Beobachtungssysteme für Gruppenprozesse; die meisten sind für die Verwendung im supervisorischen Kontext zu aufwendig. Sollte doch ein methodisch präziseres Hinschauen angesagt sein: *Praxis*, S. 97 ff.

5.3.3 Rollenübernahme: Rollentausch und Rollenwechsel

Diese ursprünglich aus dem Psychodrama kommenden, aber heute vielfältig angewandten Techniken lassen sich in mannigfacher Form in supervisorischen großen Kleingruppen anwenden. Der basale Sinn ist, aus den eigenen Schuhen herauszutreten und sich in die Person und Rolle eines anderen hineinzuversetzen. Folgende Techniken eignen sich:

- Alter Ego ist ein Begriff, der gleichermaßen von Psychodrama und Gruppendynamik benutzt wird und das Obige meint: Eine Innengruppe arbeitet an einem Fall oder einer Teamthematik. Sie wird von einer Außengruppe, möglichst im (Mengen-)Verhältnis 1:1, beobachtet. Ob man die Dyaden zuordnet oder sich finden lässt, ist der Situation, zu der auch der Faktor Zeit gehört, entsprechend anzupassen.

Die Innengruppe arbeitet für 15 bis 20 Minuten, dann dreht sich (wie beim Kugellager, Abschn. 5.1.3) die Innengruppe nach außen, jeder vom Innenkreis erhält von seinem »Alter Ego« erst einmal für fünf bis sieben Minuten Feedback zu seinem Verhalten – aus der Identifikation, aus der Empathie oder als Sharing, aber ohne gute Ratschläge. Dann dreht sich der Innenkreis wieder nach innen und setzt für weitere 15 bis 20 Minuten seinen Supervisionsprozess fort. Nun kann sich der Außenkreis einschalten, indem er mit kurzen Bemerkungen als Alter Ego in der Ich-Form den Innensitzenden kommentiert. – Nach einem Feedback des Innen- an den Außenkreis kann man beenden oder mit Varianten fortführen: Wechsel des Innen-Außen-Kreises; der Außenkreis unterhält sich als Reflecting Team über den Prozess der Innengruppe; Wechsel mit leerem Stuhl usw.

- Beraten mit Doppeln: Auch das Doppeln kommt ursprünglich aus dem Psychodrama (Moreno 1954; Leutz 1974). Das Doppel übernimmt die Position des Protagonisten und spricht aus, was ihm als der andere in den Sinn kommt, was er fühlt, sieht, denkt, möchte ... Geht es darum, in einer Supervisionsausbildung oder einer sonstigen Qualifikationsmaßnahme die Kompetenz für Einzelsupervision zu trainieren, bietet sich diese auch in großen Kleingruppen mögliche Übung an, die man auch als »Livesupervision« bezeichnen kann. Sie lässt sich entweder parallel in der aufgeteilten Großgruppe oder hintereinander im Plenum durchführen:

Ein Ratsuchender und eine Einzelsupervisorin werden gesucht oder melden sich. Diese Protagonisten wählen je ein Doppel. Die restliche Gruppe sucht sich Beobachtungskriterien aus (z. B.: Woran merke ich, dass der Supervisionsprozess gut läuft?). Die Doppel sitzen oder stehen hinter den Protagonisten und können jederzeit in den Supervisionsprozess eingreifen, indem sie den Protagonisten die Hand auf die Schulter legen und damit eine Zäsur einläuten. Die Protagonisten drehen sich zu ihren Doppeln herum, hören deren Aussagen, drehen sich wieder um und arbeiten weiter.

- Diese Anlage lässt sich beliebig variieren mit Platzwechsel von Protagonisten und Doppel, Feedback von der Außengruppe mit leerem Stuhl etc. Das Moment des Reflecting Teams, dass alle alles hören, machen den Charme und die Wirksamkeit dieser Übung aus.

5.3.4 Experteninterview

Eine spezielle Form des Arbeitens »in der Arena« hat Patricia Kramer beschrieben und mit einem Fallbeispiel aus ihrer Praxis illustriert (Kramer 2017, S. 61):

»Das Experteninterview (nach Neumann-Wirsig 2015, S. 260 ff.) erlaubt es, durch strukturierte Frage- und Antwortformen in kurzer Zeit verschiedene Sichtweisen, Deutungs- und Handlungsansätze zu erheben. Als Supervisorin bot ich an, dass sich jeweils eine Person ins Zentrum setzen dürfte, welche alle anderen zehn Minuten als Experten für die Situation interviewen durfte. Ich leitete dies moderativ jeweils ein: ›Wir haben ja heute speziell für Ihr Anliegen einige bekannte Experten eingeladen, die sich nun die nächsten 30 Minuten nur Ihren Fragen widmen werden ...‹ Zwei Runden mit je fünf Interviews wurden durchgeführt, unterbrochen durch eine Pause, in der der informelle Austausch stattfinden konnte. Neben eher fachlichen Reflexionsthemen kam in einer der Runden ein sehr emotionales und vom Team als heikel wahrgenommenes Thema auf den Tisch: die Abwesenheit der Mitarbeiterin Frau S. aufgrund eines Burn-out.

Das Anliegen von Frau S. war, dass sie sich ihren Kolleginnen gegenüber schuldig fühlte. Das Ziel war, ein gegenseitiges Verständnis füreinander zu entwickeln. Dazu sollte ein freier Raum für den gegenseitigen Austausch geschaffen werden. Auch Frau S. setzte sich ins Zentrum und erfragte die Wahrnehmung der anderen Teammitglieder zu der vergangenen und aktuellen Situation. Die Mitglieder schwankten zwischen Angst vor eigener Betroffenheit, einer Schonhaltung ihr gegenüber bis zu Befürchtungen, dass ihre Abwesenheit wie auch die Wiedereingliederung mehr Arbeit für alle anderen bedeuten könnte. Sie selbst gab als befragte Expertin Auskunft zu ihrem Empfinden wie auch ihren Thesen, was das Team über sie und die Situation gedacht haben muss. Es ergaben sich in den verschiedenen Äußerungen viele Deckungsbereiche. Auch sie hatte Bedenken gehabt, für die anderen Teamkollegen mehr Arbeit zu verursachen. Abgeschlossen wurde die Sitzung mit der gemeinsamen Sammlung der zentralen Themen, die angesprochen worden waren, und einer Runde dazu, wie es den Einzelnen mit dem Gehörten ging. Als ein entscheidender Punkt wurde das Versagensgefühl auf zwei Seiten festgehalten. Der des Teams, da eine von ihnen ›ausgebrannt‹ war und sie sie nicht hatten auffangen können. Und auf der Seite von Frau S., welche sich selbst als Versagerin erlebt hatte.

Insgesamt herrschte abschließend Überraschung, dass trotz aller Wahrnehmungsunterschiede die Gefühlslage der Beteiligten hauptsächlich von Unsicherheit geprägt war. Diese Erkenntnis schien das Zusammengehörigkeitsgefühl des Teams wieder neu zu konstellieren.« [P. K.]

5.4 Aufteilungsmethoden: Auseinandergehen und wieder zusammenkommen

Abb. 20: Untergruppen im Raum

Dieser Typus von Methoden ähnelt dem, was in Kapitel 2 beschrieben wurde: Die sich aus der Sozialpsychologie herleitenden neueren Methoden der Großgruppenarbeit (Organisationskonferenzen) zeichnen sich dadurch aus, dass sie das Unbehagen, das neuen Großgruppen innewohnt, elegant umgehen, indem sie einen mehr oder weniger fließenden Wechsel zwischen Kleingruppenarbeit, meist vier bis acht Personen, und dem Plenum inszenieren. Diesem Plenum tritt das Individuum nicht mehr als Einzelner entgegen, sondern als Mitglied beziehungsweise Repräsentant einer Kleingruppe, die Identität entwickelt und Ergebnisse produziert hat für die gemeinsame Aufgabe.

Übersetzt in die supervisorische Arbeit mit großen Kleingruppen, heißt das im Prinzip: Die Gesamtgruppe bekommt eine Aufgabe gestellt – hier das Anliegen eines Supervisanden –, arbeitet arbeitsteilig an dieser Aufgabe und führt die Ergebnisse in einem Plenum zusammen. Das »arbeitsteilig« hat wiederum mindestens zwei Varianten: Entweder arbeiten alle Untergruppen parallel an derselben Aufgabe, oder jede Untergruppe bekommt eine eigene Teilaufgabe zur gestellten Frage. Im ersten Fall ist zu beachten, dass mehr als drei Varianten desselben Themas präsentiert zu bekommen und anhören zu müssen ziemlich langweilig ist. Die Gruppe, die als letzte dran ist, hat kaum noch aufmerksame Zuhörer. Im zweiten Fall können es Partialaufgaben der Art sein, wie sie unter Abschnitt 5.4.2 beschrieben werden.

Eine weitere Variante, wenn viele Fallanmeldungen in einer Sitzung kommen, besteht darin, dass sich zwei bis drei Untergruppen um die jeweiligen Fallgeber herum bilden und autonom an den Fällen arbeiten. Um die Kohäsion der Gesamtgruppe oder des Teams nicht zu gefährden, empfiehlt sich irgendeine Form der Rückmeldung oder Rückbindung im Plenum. Wenn solche Untergruppen alleine arbeiten, können sie das gut mit der in Abschnitt 3.3 dargestellten Vorgehensweise tun, die explizit für leiterlose Gruppen angelegt ist.

Ein solches Vorgehen ist in erster Linie für eine fallorientierte Arbeit in großen Gruppen und Teams geeignet. Im Falle von Teamsupervision gilt es, darauf zu achten, ob eine Untergruppenarbeit dienlich oder kontraproduktiv ist, was z. B. bei Spaltungsprozessen im Team der Fall sein kann. Dann sollten die Untergruppen aus den »Parteien« gemischt werden – oder man setzt in einem Fishbowl die jeweils eine Partei in die Mitte und lässt sie darüber sprechen, wie es ihr selbst im Gesamtteam geht und wie sie die andere Untergruppe sieht.

In jedem Fall ist zu erwägen: Arbeiten die Untergruppen im gemeinsamen (ausreichend großen) Raum, oder werden sie in unterschiedliche Räume geschickt?

Dazu eine alte gruppendynamische Erfahrung: Wenn Untergruppen im selben Raum arbeiten, wird es naturgemäß ziemlich laut; je nach Raumgröße und Schalldämmung mehr oder weniger. Das führt meist dazu, dass die Gruppen räumlich näher zusammenrücken (coronabedingt wird das schwierig …) und sich irgendwann ein schwebendes Gleichgewicht zwischen Lautstärke und Nähe einpendelt. Meist sind alle Gruppen dann etwa zum gleichen Zeitpunkt fertig – da wirken Resonanzphänomene oder, mit C. G. Jung: Synchronizität, mit Rupert Sheldrake: morphogenetische Felder. – Schickt man die Arbeitsgruppen in separate Räume, entsteht dort sehr rasch ein »Wir«, eine hohe Kohäsion; die Gruppe bekommt einen Eigenwert, der für die Mitglieder bedeutender ist als die Zugehörigkeit zum Gesamtsystem (s. dazu Lewins Definition von Gruppe: Gruppe definiert sich dadurch, dass die Beziehungen in der Gruppe wichtiger sind als die Beziehungen nach außen; vgl. Kap. 3). Das führt regelmäßig dazu, dass der Supervisor als Mahner durch die Räume laufen und zum Plenum klingeln muss und mit schöner Regelmäßigkeit hört »Wir brauchen aber noch fünf Minuten.« Von daher ist, erfahrungsgesättigt, meine Präferenz: wenn immer der Plenumsraum es zulässt, die Gruppen im gemeinsamen Raum ihre Untergruppenarbeit tun zu lassen, um dabei den Bezug zum Gesamten nicht zu verlieren.

5.4.1 Aufteilung der Gesamtgruppe mit der gleichen Aufgabe

Die einfachste Form ist die, nach Bericht und Fragestellung des Fallgebers die Gesamtgruppe (bezogen auf große Kleingruppen zwischen zehn und 20 Personen) in zwei bis drei Untergruppen à fünf bis sieben Personen aufzuteilen und sie parallel an derselben Fallsituation arbeiten zu lassen. Die Rückführung der Ergebnisse ins Plenum sollte so gestaltet werden, dass es nicht langweilig wird.

5.4.2 Aufteilung der Gesamtgruppe mit Arbeitsteilung und Rollenvorgaben

Nach Bericht, Fragestellung und Klärung organisatorischer Details teilt sich die Gesamtgruppe in zwei bis drei Untergruppen, von denen jede eine andere Teilaufgabe bekommt. Für die Zeit, in der die Untergruppen arbeiten, bleibt die Ratsuchende in der Mitte des Raumes sitzen und bekommt eine Sonderaufgabe, z. B. die Frage, was sie selbst schon alles versucht hat, um mit der Frage weiterzukommen. Es ist zu vereinbaren, ob sie als Informandin zur Verfügung steht. Das kann kontraproduktiv werden, denn wenn Schwierigkeiten im Suchprozess auftauchen, werden sie durch Bohren nach mehr Information zu überwinden versucht – statt dass mit den vorhandenen Informationen gearbeitet wird. Besser ist, dass sie den Raum verlässt.

Eine Art der Arbeitsteilung besteht darin, jedem Mitglied jeder Untergruppe Rollen oder »Stimmen« zuzuteilen, mit denen sie sich identifizieren und aus dieser Identifikation heraus ihre Beiträge zum Beratungsprozess beibringen sollen. Patricia Kramer nennt dies »spielerische Fokusvergabe«:

> »In großen Kleingruppen zählt dies zu meinen Lieblingsmethoden, da sich diese Methode situativ sehr frei anpassen lässt. Die Fallbearbeitung kann durch Auswahl der Fokusse kreativ abgewandelt werden und im Sinne eines Reflecting Teams mit Rollenvorgabe genutzt werden. Die möglichen Fragestellungen können vom Fallgeber bestimmt oder vom Supervisor gesetzt werden. Dabei sollte bedacht werden, dass jeder Vorschlag des Supervisors zu einer Engführung beitragen kann.«

Eine Variante besteht darin, die Teilnehmer in die Rollen der klassischen freudschen Instanzen schlüpfen zu lassen und als Über-Ich, als Ich oder Es zu argumentieren. Wer der Transaktionsanalyse nähersteht, kann auch das Eltern-Ich, das Erwachsenen-Ich und die verschiedenen Kind-Ich sprechen lassen. Dabei werden die Mitsupervisanden aufgefordert, sich in verschiedene Ich-Zustände zu versetzen.

Etwas plastischer wird es, wenn man solche Stimmen konkreter benennt: die Stimme des Narren (die dann dem freien Kind entsprechen würde), die Stimme der Weisheit, die Stimme des Gruppengeistes, die Stimme des guten Mutes, die Stimme des Hüters der Gerechtigkeit: Letztere wäre dann die aus dem Eltern-Ich kommenden, an Werten und an der Moral orientierten Äußerungen.

Eine andere Systematik wären die Stimmen des »Inneren Teams« nach Schulz von Thun, Riemanns »Grundformen der Angst« oder jede andere Typologisierung.

Auch unterschiedliche Elemente des Gesamtsystems (Helfer, Klienten, Angehörige, Verwaltung, Gesundheitsamt …) lassen sich im Rollenspiel übernehmen.

Dabei gibt es wieder die Varianten, dass in jeder Untergruppe alle Rollen vorkommen oder dass jede Untergruppe eine der Rollen übernimmt.

5.4.3 Die Rollen tauschen

Ähnlich wie in der Übung 5.3.3 kann man in einem großen Team, das mit Kommunikations- und Rollenproblemen in die Sitzung kommt, nach Absprache oder über Los die Rollen tauschen lassen. Da wird dann die Chefin zum Praktikanten, der langjährige Mitarbeiter zur neuen Sekretärin etc. – Das ist nur dann indiziert, wenn untereinander und zum Supervisor ein gutes Vertrauensverhältnis vorhanden ist. Dann wird es möglich, nicht nur den Fall oder das Teamproblem unter einer neuen Perspektive wahrzunehmen, sondern implizit einander Feedback zu geben. Dazu braucht es die Bereitschaft, Feedback anzunehmen, Selbst- und Fremdbild gegeneinander abzugleichen.

5.5 Wenn es Kommunikationsprobleme gibt

Abb. 21: Teamwork

Seltener in Supervisionsgruppen, deren Mitglieder sich außerhalb der Supervision kaum oder gar nicht sehen, umso häufiger in Teams, die sich möglicherweise täglich auf die Nerven gehen, geht es unter dem Titel »Teamsupervision« oft um handfeste Kommunikations- und Informationsprobleme, zwischenmenschliche und organisationsbezogene Konflikte. Bei entsprechender Eskalation kann die Supervision zur Mediation oder gar Krisenintervention werden – eine entsprechende Kontrakterweiterung vorausgesetzt. Auf jeden Fall erweitert sich der Kontrakt in Richtung Teamentwicklung. Dann gilt es, erst einmal wieder

Gesprächsbereitschaft und -fähigkeit herzustellen. Dazu reichen die unter Abschnitt 5.2 bis 5.4 aufgeführten Methoden, die eher auf den personalen Aspekt und auf die Interaktion der Individuen fokussieren, nicht mehr; jetzt geht es um das gesamte System. Da braucht es zunächst eine furchtlose Diagnose der Situation und dann so etwas wie ein Kommunikationstraining. Im Folgenden sind aus der Gruppendynamik- und Psychodramatradition stammende Methoden aufgezeigt, die dazu verhelfen können. Sie sind aber *nicht nur* als Kriseninterventionen, sondern auch in anderen, weniger brisanten Situationen einzusetzen.

5.5.1 Wieder gesprächsfähig werden

»Behind your chair«, in Abschnitt 5.3.3 beschrieben, eignet sich auch für eine Situation, in der der Verlauf des Supervisionsprozesses konflikthaft oder gestört ist. Als Fragen an das Expertengremium empfehlen sich dann:

> Wo haben die Mitglieder dieses Teams sich verstrickt?
>
> Welche Konflikte sehen Sie in diesem Team, die bei der Arbeit an der Aufgabe auftraten?

Diese Übung an dieser Stelle ähnelt anderen Dissoziationsmethoden, dem Open Staff oder dem Reflecting Team.

Wenn es in einem Team (seltener in einer Gruppe) nicht mehr möglich ist, sich gegenseitig zuzuhören, sondern eher darum geht, seine Macht zu zeigen und andere niederzureden, dann bietet sich eine Übung an, die nicht einmal von der Gruppendynamik erfunden wurde, sondern bereits aus der scholastischen Disputation stammt: Bevor ich meinem Gegenüber antworte, wiederhole ich, was ich verstanden habe. Die Übung heißt »Kontrollierter Dialog« oder »Genaues Sprechen und Zuhören« (*Praxis*, S. 130 ff. und andernorts). Es ist eine Übung in Trios:

> Zwei Personen, A und B, führen einen Dialog über ein selbst gewähltes oder vorgegebenes Thema, das in diesem Falle einen Bezug zur Situation haben sollte. A beginnt mit einem Satz, B muss den Satz sinngemäß wiederholen und bekommt von A eine Bestätigung oder Ablehnung, dass der Sinn des Gesagten getroffen ist. Bei einer Ablehnung probiert es B ein zweites Mal. Erst wenn der Sinn richtig wiedergegeben ist, darf B seine Antwort formulieren, die dann wieder von A wiederholt wird usw. C ist Beobachter und greift ein, wenn die Regel nicht eingehalten wird.

Diese Übung ist ausgesprochen anstrengend, führt aber meiner Erfahrung nach dazu, dass nach drei Runden mit Wechsel der Rollen und einer Auswertung wieder Bereitschaft vorhanden ist, sich gegenseitig zuzuhören. Dann kann mit der Konfliktklärung fortgefahren werden.

Ähnlich effektvoll ist bei vergleichbarer Indikation die Übung mit dem Bewusstheitsrad (Miller et al. 1972, pp. 10 ff.; Ballreich u. Glasl 2007, S. 194–204; König u. Schattenhofer 2006, S. 84). Sie wird in dyadischer Form durchgeführt und hilft, die unterschiedlichen seelischen Funktionen des Wahrnehmens, Fühlens, Interpretierens, Intendierens und Handelns auseinanderzuhalten. Die gesamte Übung, so wie sie detailliert in *Praxis* auf S. 134 ff. beschrieben ist, durchzuführen, hat schon eher den Charakter eines Kommunikationstrainings. Im Kontext von Gruppen- und Teamsupervision kann man einzelne Übungsschritte aussuchen – und sie mit einer Feedbackübung verbinden. Zuvor sollte eine Einführung in die Übung und das Bewusstheitsrad erfolgen.

Bei der Übung ist wichtig, dass die (wechselnden) Paare sich in einem akustischen Schonraum im Plenum gegenübersitzen, die Positionen A und B unter sich verteilen und sich möglichst genau an die ritualisierten Sprachformeln halten – sie erleichtern es, auch Schwieriges zu verbalisieren. Je drei Minuten spricht A zu B Sätze, die mit dem vorgegebenen Satzanfang beginnen, B soll nur zuhören ohne verbale oder nonverbale Reaktion; dann Rollenwechsel. Hier die einzelnen Fragestellungen für die Paare:

Mit Blick aufs Gegenüber: Ich nehme an dir wahr … (nur Wahrnehmungen, keine Interpretationen!)

Mit geschlossenen Augen: Ich fühle/spüre/empfinde gerade jetzt …

Mit Blick aufs Gegenüber: Ich würde jetzt am liebsten …

– (Nach Wechsel) Ich nehme jetzt an dir wahr … und das erinnert mich an/dazu kommt mir folgender Zusammenhang …

Mit geschlossenen Augen: Ich fühle/spüre/empfinde gerade jetzt … und ich möchte jetzt am liebsten …

– (Nach Wechsel) mit geschlossenen Augen: Ich fühle/spüre/empfinde jetzt … und das erinnert mich an …

Mit Blick aufs Gegenüber: Ich nehme an dir wahr … das erinnert mich an … das löst in mir ein Gefühl aus von … und ich würde jetzt am liebsten …

Auch das Paar-Interview (*Praxis,* S. 139 f.) ist geeignet, ein reflexives Moment hineinzubringen:

> Je zwei Personen (wenn das nicht aufgeht, ein Trio) interviewen sich gegenseitig zu der Frage, um die es geht:
>
> - Wie hast du die vorangegangene Sitzung erlebt?
> - Was meinst du, warum tun wir uns so schwer mit dem Arbeitsprozess?
> - Welche Ideen hast du, wie wir wieder arbeitsfähig werden?
> - Was kann ich dazu tun, was kannst du selbst dazu tun?

Neben den üblichen Arten, sich in einer Gruppe Rückmeldung zu geben, gibt es eine Form, die sich relativ früh in einer Gruppe oder einem Team empfiehlt. Es ist das von seinem Autor Roger Harrison so benannte Rollenverhandeln. Es wird bei Ballreich und Glasl (2011, S. 296–300) in »lösungsfokussiertes Angebots- und Nachfrageverhandeln« umbenannt. Wenn auch umwegiger, ist dieser Titel zutreffender. Das Ziel ist nämlich, zu konkreten, verbindlichen und überprüfbaren Verhaltensvereinbarungen zu kommen. Das Setting, in dem die Übung durchgeführt wird, kann variieren.

Zentrales Instrument ist ein Bogen pro Person, auf den jede ihren Namen schreibt und die Antworten auf folgende Fragen:

> Damit ich hier meine Funktion als/Team-/Gruppenmitglied gut ausüben kann, bitte ich Dich …
>
> Zeige bitte das folgende Verhalten mehr, deutlicher, öfter oder neu:
>
> ……………………………………………………………………………………………
>
> Zeige bitte folgendes Verhalten weniger, weniger stark oder gar nicht mehr:
>
> ……………………………………………………………………………………………
>
> Behalte bitte bei:
>
> ……………………………………………………………………………………………

Nach gegenseitiger, schweigender Besichtigung der Bogen findet die Verhandlungsrunde statt, an deren Ende klare Verabredungen stehen sollten.

Eine schlichtere Variante beschreibt Patricia Kramer so:

> Jede Person bekommt einen Zettel mit Kreppband auf den Rücken geklebt. In einer Marktsituation zum Thema »Rücken stärken« werden dem anderen Rückmeldungen zu »Wie ich Dich wahrnehme als Gruppen-/Teammitglied« auf den Rücken geschrieben. Dabei sollten nur stärkende, aufbauende Aussagen gemacht werden.

(Als »Rückenpost« bei Weidenmann 2014 S. 73; oder als »Rückenbotschaft« bei Klein 2013, S. 187.)

5.5.2 Erkennen, was los ist: Diagnostik

Die im Folgenden aufgeführten diagnostischen Übungen sind nicht nur dann geeignet, wenn der Arbeitsprozess gestört ist, sondern durchaus auch dafür, um an einem Fall oder an einer Teamfrage weiterzukommen oder wenn eine Zwischenbilanz angesagt ist. Es sind zumeist soziometrische Methoden. Soziometrie als »Messen sozialer Beziehungen« stammt gleichermaßen aus dem Psychodrama wie aus der Gruppendynamik; im Psychodrama wurden allerdings ausgefeiltere Techniken und Methoden entwickelt. Zu diesen kam von der famlientherapeutischen Seite die Familienskulptur (Satir) hinzu und von systemischer Seite das Stellen von Familien und Organisationen. Heute geht es weniger um ein *Messen,* sondern eher um ein *Sichtbarmachen* sozialer Strukturen.

Die Beziehungen zueinander lassen sich als Gruppenskulptur mit den eigenen Körpern darstellen. Dabei sind die beim Familienstellen zentralen Dimensionen Nähe/Distanz und Blickrichtung mit Zuwendung/Abwendung sehr aussagekräftig. Statt der realen eigenen Körper können auch (bei großen Kleingruppen aber deutlich unterscheidbare!) Stellvertreter gewählt werden: Soziogramme sind möglich mit selbst gefertigten Tonfiguren, mit Inhalten aus der Hosen-/Handtasche – oder mit den Schuhen: Jede der im Kreis sitzenden Personen zieht den linken Schuh aus und behält den rechten zwecks Identifikation/Wiedererkennung an. (Weitere Variationen s. *Praxis,* S. 335, auch verfügbar unter: http://methodenpool.uni-koeln.de/supervision/frameset_supervision.html [09.08.2022]).

Nicht nur zu Beginn einer Arbeit mit Team oder Gruppe, sondern immer dann, wenn es wichtig wird, z. B. bestimmte Verhaltensmuster in der supervisorischen Arbeit besser zu verstehen, kann man mit soziometrischen Tableaus (s. Abschn. 5.1.4) arbeiten. Frage z. B.:

> Warum schlagen sich bestimmte Mitglieder der Gruppe/des Teams immer wieder auf die Seite der Opfer?

Diese Form, bisher latente Strukturen oder Subgruppen in der Gruppe oder im Team sichtbar zu machen, ermöglicht den Dialog über bisher Übersehenes, Verdrängtes und Tabuisiertes.

Wenn in einem Team oder einer länger bestehenden Supervisionsgruppe sich Subgruppen oder Cliquen gebildet haben und dies die Zusammenarbeit stört, ist es sinnvoll, solche erstarrten Strukturen sichtbar zu machen. Wenn Subgruppen sich abschotten, gegeneinander rivalisieren oder einander abwerten, ist es hilfreich, über nonverbale Medien diese Diagnostik zu betreiben:

> Zwei oder drei selbst gewählte oder per Zufall bestimmte Untergruppen malen jeweils ein Bild der gesamten Gruppe, auf der jede Person und Subgruppe erkennbar sein soll (aber ohne Namensnennung (!), vgl. *Praxis,* S. 92 f., S. 282; die ausführlichere Variante, in der jede Person zunächst ein Einzelbild malt: S. 346, auch Abschn. 4.4 in diesem Buch).
>
> Aus den Unterschieden in der Darstellung und der Frage »Wie beeinflusst jede der gezeichneten Subgruppen das Geschehen im Team/in der Gruppe?« kann durch ein Gespräch eine Veränderung und eventuell eine Neukontraktierung erarbeitet werden.

Behind your chair – ebenfalls eine alte Psychodramatechnik (vgl. Moreno 1954; Leutz 1974; Stadler u. Kern 2010, S. 121; von Ameln u. Kramer 2014; Antons et al. 2019, S. 144) – verzichtet auf den obigen personellen Wechsel und fordert die Beteiligten auf, selbst in eine dissoziative Position zu gehen und sich selbst aus der »Kronleuchterperspektive« zu betrachten.

> Nach Beendigung oder nach einem sinnergebenden Arbeitsschritt der jeweiligen Supervisionsgruppe stellen sich die Mitglieder hinter ihren eigenen Stuhl. Sie sollen sich vorstellen, ein Gremium von Expertinnen für Kommunikation in der Supervision zu sein, die von außen auf die Supervisionsgruppe schauen, die gerade dort auf den Stühlen gearbeitet hat.
>
> Was ist in dieser Sitzung gelaufen?

Welches Ergebnis haben sie produziert? Wie zufrieden könnten sie darüber sein?

Wie gut haben sie bei der Problemlösung zusammengearbeitet, wo konkurriert?

Es ist wichtig für den Supervisor, den Teilnehmenden dabei zu helfen, in der Dissoziation zu bleiben und nicht in das »ich« oder »wir« zurückzufallen, sondern in der Diktion »in dieser Gruppe da«, »bei den Personen dort …« zu bleiben.

Sowohl bei Konflikten in Gruppe oder im Team, aber auch als Zwischenbilanz kann man mithilfe von Modellen Diagnostik der Gruppe betreiben. Dazu eignet sich das ursprünglich von Sigmund Freud stammende, aber inzwischen weit verbreitete Eisberg-Modell (*Praxis*, S. 283 ff.), die soziodynamische Grundformel von Schindler (2016) oder der Gruppendynamische Raum (Antons et al. 2001; König u. Schattenhofer 2006, S. 34–40; *Praxis*, S. 342–347, S. 374–379). Die zentralen Dimensionen Macht/Zugehörigkeit/Intimität eignen sich in verschiedensten Übungsdesigns dazu, die Dynamik in einem Team oder einer Supervisionsgruppe zu verstehen und zu beeinflussen.

5.5.3 Antidepressiva

Die Arbeit an Konfliktsituationen strengt an. Es empfiehlt sich, nach einer längeren Arbeitsphase für eine körpernahe Entspannung zu sorgen. Dazu eignen sich Übungen, die meine Kollegin Heidi Ehrensperger mit dem respektlosen Titel *Antidepressiva* versehen hat. Wir haben sie über lange Zeit in gruppendynamischen Trainings, aber auch in Supervisionen mit Kleingruppen und kleinen Großgruppen verwendet mit dem durchgängigen Erfolg, dass danach ein Angehen und eine Klärung von Konflikthaftem wesentlich leichter gelang. Hier einige von diesen (die in unendlich vielen Büchern über Gruppenspiele zu finden sind, z. B. bei Bartussek 1998), die für große Kleingruppen in der Supervision geeignet und in *Praxis* ausführlicher (S. 195 ff.) beschrieben sind:

Gruppendynamisch bis 20 zählen (als spontanes Zählen bei Rachow 2002, S. 131): Die große Kleingruppe steht im Kreis, löst sich auf im Durcheinanderlaufen und muss laut von eins bis 20 zählen. Sobald die-

> selbe Zahl von zwei Personen gleichzeitig genannt wird, geht es zurück auf eins. Wird die Reihenfolge der Zahlen nicht eingehalten, ebenfalls.
>
> In einer zweiten Version sitzen alle Gruppenmitglieder im Kreis mit dem Rücken zueinander mit geschlossenen Augen. Dann darf zusätzlich die jeweils nächste Zahl nicht vom rechten oder linken Nachbarn ausgerufen werden.

Magic Bamboo (geht, je nach Länge des Bambusstabes, bis etwa zwölf Personen):

> Ein zwei bis drei Meter langer Bambusstab (ersatzweise Besenstiel o. Ä.) wird als magischer Bambus angepriesen. Er wachse nur in einer geheimen Region in China und habe magische Qualitäten, die gleich zu spüren seien.
>
> »Eure Aufgabe ist es, den Stab zu Boden zu legen. Die Bedingung ist, dass jeder Zeigefinger jeder Person ununterbrochen mit dem Stab in Kontakt ist«.
>
> Die Teammitglieder stehen sich mit etwa einem Meter Abstand in zwei Reihen gegenüber. Bei angewinkeltem Ellbogen sind die Zeigefinger ausgestreckt, sodass die Supervisorin den Stab auf die Reihe der Finger legen und ihn leicht nach unten drücken kann.

Der entstehende Prozess (meist geht der Bambus nach oben statt nach unten) sagt etwas aus über die Art der Kommunikation, die Koordinationsfähigkeit und die Übernahme von Führung in diesem Team.

Kuhstall: Geht nur mit einer Teilnehmerzahl von 10, 13, 16, 19 etc.:

> Drei Personen bilden je einen Kuhstall. Zwei davon bilden mit gegeneinander hochgestreckten Armen den Stall, unter dem eine Kuh Unterschlupf finden kann. Die überzählige Person möchte darin Platz finden und hat dazu drei Kommandos: »Kuh«, Stall« und »Kuhstall«. Bei »Kuh« wechseln alle Kühe die Ställe, die überzählige Person versucht, einen Platz als Kuh zu finden. Ruft sie »Stall«, zerlegen sich die Ställe und ordnen sich zu neuen Ställen zusammen (das ist die schwierigste Aufgabe: Die Kühe müssen wie angewurzelt stehen bleiben und dürfen sich nicht vom Fleck rühren!!!). Beim dritten Kommando, »Kuhstall«, löst sich alles auf und kombiniert sich neu.

Schere – Stein – Papier: Dieses uralte Kinderspiel gewinnt eine frische Note, wenn es zwischen zwei Gruppen läuft:

> Die Gruppen stellen sich in Reihe gegenüber auf. Jede Gruppe einigt sich, ohne dass die anderen es hören können, auf eine Position, dreht sich auf Kommando um und zeigt Schere/Stein/Papier. – Die gewinnende Partei erhält einen Punkt; es geht so viele Runden, bis es langweilig wird. Das nachfolgende Bild zeigt dasselbe Spiel mit anderem, waidmännischen Inhalt: Hier brüllt der Bär mit erhobenen Armen gegen den Jäger, der ihn erschießen will, aber die Biene sticht den Bären.

Als »Tiger, Oma, Samurai« findet es sich bei Rachow und Sauer (2012, S. 155).

Abb. 22: Schere/Stein/Papier bzw. Jäger/Bär/Biene

5.6 Jede Supervisionsgruppe endet einmal (ein Team seltener)

Was für den Anfang galt, gilt sinngemäß auch für verschiedene Formen des Endes: Eine Supervisions-Ausbildungsgruppe bei TZI ist fertig mit der Ausbildung; nach drei Jahren ist die Arbeit als Supervisor bei der Telefonseelsorge zu Ende; aus dem Großteam in der Psychiatrie scheiden Mitglieder aus, um neuen Mitarbeiterinnen Platz zu machen ... Alle solche unterschiedlichen Enden bedürfen der sorgsamen Planung: Was passt hier, was ist das Geeignete für alle und die gesamte Situation? Auf jeden Fall ist richtig: irgendeine Form der Rückschau, der Auswertung, der Würdigung. Dabei gilt, was Geri Thomann (2003, S. 107) einmal formulierte:

> »Wichtig scheint mir, dass der Gedanke an die Evaluation bereits in der Planung einen Niederschlag findet, ja, dass eine eigentliche Haltung ›Keine Lernprozesse ohne Rückmeldungen resp. Evaluation‹ die Kursleiterarbeit prägt.
>
> Damit ist aber nicht gemeint, Teilnehmer/innen evaluatorisch ständig wie Zitronen auszupressen!«

Daneben gibt es aber auch noch die »kleinen Tode«: Ans Ende jeder Arbeitseinheit gehören eine wenn auch kurze Tagesauswertung und von Zeit zu Zeit, bei längeren Prozessen, eine Zwischenbilanz – gegebenenfalls mit einer Neukontraktierung verbunden. Für die Auswertung einer einzelnen Sitzung von anderthalb bis drei Stunden sollten etwa zehn Minuten Auswertung reserviert werden. In dieser Zeit ist es nicht sinnvoll, mit 15 Leuten eine verbale Runde zu machen, sondern eher ein echtes (!) Blitzlicht mit »Drei Worte zur heutigen Sitzung«: drei Adjektive/Substantive/Verben, den heutigen Wetterbericht, eine Hand- oder Körperbewegung/-geste oder einen sonstigen nonverbalen Ausdruck wählen (ausführlicher: *Praxis,* S. 434 ff.).

Für unsere großen Kleingruppen eignen sich verschiedene Formen der Rückschau auf ihren Arbeitsprozess. Das einfachste Muster ist, aus den eigenen Aufzeichnungen oder aus Unterlagen der Supervisanden eine Chronologie der eingebrachten Fallsituationen zu erstellen und anhand ihrer die eigenen Lernfortschritte zu erheben. Dies kann mit verschiedenen Techniken erfolgen.

5.6.1 Koffer und Mülleimer

Diese Anlage ist gerade bei größeren Gruppen dafür geeignet, relativ rasch ein Stimmungsbild am Ende zu erheben (*Praxis,* S. 439; als »Wissenssafe und Müllabfuhr« in Weidenmann 2014, S. 112 f.).

Auf zwei Pinnwände werden ein Koffer und ein Mülleimer stilisiert so gezeichnet, dass in ihrem Innenraum genügend Platz ist. Darein schreiben die Teilnehmenden, was sie hier im Mülleimer lassen und nicht mitnehmen wollen (oft weist das auf Unverarbeitetes und Konflikthaftes hin: Ich habe erlebt, dass ein Stichwort, das im Mülleimer gelandet war, bei der nachfolgenden Betrachtung einen heftigen Prozess auslöste, der nur mit einer vereinbarten Zeitverlängerung wieder aufzulösen war), in den Koffer kommen die wichtigen Lernerfahrungen, gewonnene Beziehungen etc., die man nach Hause mitnehmen möchte. Darüber ist dann ein Abschlussgespräch möglich.

Alternativ kann man die entsprechenden Aussagen auch auf Moderationskarten schreiben lassen und in die Mitte legen.

Abb. 23: Koffer und Mülleimer

5.6.2 Vier-Säulen-Diagramm

Das Diagramm ergibt in einer großen Kleingruppe ebenfalls sehr rasch einen Überblick über die Zufriedenheit hinsichtlich vier Fragen oder Dimensionen. Mögliche Fragen, aus denen vier auszuwählen sind und die jeweils die Pole einer Siebenerskala markieren, können z. B. sein:

Die Supervisionsmethodik, mit der wir gearbeitet haben, fand ich unseren eingebrachten Fallsituationen angemessen/unangemessen.

Die Art, wie die Supervisorin unsere Arbeit strukturiert hat, fand ich inkompetent/kompetent.

Mit dem, was ich für meine Praxis mitnehmen konnte, bin ich sehr zufrieden/total unzufrieden.

Die Rahmenbedingungen, unter denn wir gearbeitet haben, waren dem Lernen zuträglich/abträglich.

Die Mitglieder der Supervisionsgruppe sind mir wichtig geworden/unwichtig geblieben.

Unsere Gruppe hat sich im Verlauf der Supervision überhaupt nicht/sehr intensiv bewegt.

Ein Flipchart mit vier dieser Fragen kann dann so aussehen:

Auswertung des Supervisionsprozesses

○ Die Supervisionsmethodik, mit der wir gearbeitet haben, fand ich unseren Fallsituationen	○ Die Art, wie der Supervisor unsere Arbeit strukturiert hat, fand ich
angemessen – unangemessen	kompetent – inkompetent
○ Mit dem, was ich für meine Praxis mitnehmen konnte, bin ich	○ Die Rahmenbedingungen, unter denen wir gearbeitet haben, waren dem Lernen
sehr zufrieden – total unzufrieden	abträglich – zuträglich

Tab. 4: Vier-Säulen-Diagramm (modifiziert nach Praxis, S. 440f.)

Dieses Flipchartblatt ist vorher geschrieben worden und hängt sichtbar für alle aus. Jedes Gruppenmitglied erhält vier unterschiedlich farbige Klebepunkte und entscheidet sich nach Erläuterung noch im Sitzen vorher, wo genau es seine Punkte setzen will (sonst gibt es leicht Konformitätsphänomene der Art, dass man einen Punkt dorthin klebt, wo schon die meisten sind).

Wenn alle ihre Punkte geklebt haben, sind sofort vier Säulendiagramme sichtbar, die dann die Vorlage für die Abschlussrunde sein können: Was hätte anders laufen müssen, damit die Punkte noch höhere Zufriedenheit anzeigen würden?

5.6.3 Analoge Auswertungen

Hat man mehr Zeit zur Verfügung und ist in der Supervision immer wieder der Fokus auf den Gruppenprozess gelegt worden, kann man (ohne zu sprechen) auch ein gemeinsames Bild des Gruppen- und Arbeitsprozesses malen lassen.

Eine eher anekdotische, fokussierende Auswertung kann es auch sein, zwei oder drei Untergruppen die Aufgabe zu geben, eine Schlüsselszene aus dem Verlauf der Supervisionsgruppe (König u. Schattenhofer 2017, S. 67) zu spielen – als Pantomime (szenische Darstellung ohne Worte), Sketch (Kurzszene mit Worten), Diaschau (Serie von Stellbildern, die mit »Augen zu – Augen auf« umgebaut werden), Gruppenskulptur (unbewegtes Stellbild) oder Gruppenmaschine (bewegliche Körperskulptur). Die anderen Untergruppen raten jeweils, welche Begebenheit gemeint sein soll.

Ähnliche Arten der Auswertung sind: Das Märchen oder den Film der Gruppe erfinden und darstellen.

5.6.4 Abschiedsgeschenke

Bei geschlossenen, nicht allzu großen Gruppen, in denen viel miteinander gelernt werden konnte und in denen die Beziehung wichtig wurde, ist es eine schöne Übung, sich zum Schluss symbolische Abschiedsgeschenke (*Praxis*, S. 442) zu machen. Diese Übung stammt aus der Psychodramatradition; ein eigentlicher Autor ist mir nicht bekannt.

Die Instruktion kann etwa lauten:

> »Gebt Euch gegenseitig ein Abschlussfeedback in der Form, dass Ihr für möglichst jede und jeden in dieser Gruppe ein Abschlussgeschenk

> bastelt. Das ist nicht materiell gemeint, es soll ein verbales Geschenk sein. Ein Geschenk ist zwar liebevoll gemeint, kann aber durchaus auch Konfrontatives enthalten. Fasst in Worte, in eine Metapher, ein Bild, was Ihr Eurem Adressaten auf den weiteren Lebens- und Berufsweg nach dieser gemeinsamen Arbeit geben wollt. So kann man jemandem eine Schachtel voll Zuversicht geben, eine Flasche Zielwasser, den Mut, ins kalte Wasser zu springen, etc.«

Danach Zeit geben, dass alle sich Notizen machen können, und dann Eröffnung einer Marktsituation; eventuell mit Signalen zum Wechsel.

Gibt es in der Gruppe noch ungeklärte Themen oder Beziehungen, sollte man diese Übung nicht machen: Dann kann das Ungesagte als Geschenk verpackt werden, ohne dass eine Klärung noch möglich wird.

Generell: Analoge, nonverbale Formen der Auswertung sind vergnüglicher, stressfreier und ermöglichen bei genauem Hinschauen viel mehr an wesentlicher Information über den Supervisionsprozess als das Ausfüllen von Fragebogen.

Ich hoffe, dass es mir gelungen ist, in der nötigen Kürze genügend Ideen und methodische Anregungen gegeben zu haben, damit für Supervisorinnen und Supervisoren ein Anreiz besteht, sich an große Kleingruppen heranzuwagen, nicht Nein zu sagen, wenn sich ein Großteam meldet und fragt: »Können Sie auch mit uns 16 arbeiten?«

Im letzten Kapitel sei ein Blick geworfen auf das, was in der Welt geschehen ist, seit ich mit dem Manuskript angefangen habe, und aufgezeigt, welche Arbeit mit großen Kleingruppen auch unter Corona-Bedingungen möglich ist. Dass wir inzwischen, da das Manuskript in der Verlagsbearbeitung ist, auch noch am Rande eines Weltkrieges stehen, war ebenfalls nicht abzusehen.

6 Nach der Pandemie ist vor der Pandemie

6.1 Wir werden lernen müssen, damit zu leben

Dieses Buch entstand in seinen Grundzügen im Jahre 2019. Das darauffolgende Jahr brachte der gesamten Welt und auch der Supervision die Notwendigkeit einer grundlegenden Neuorientierung. Sie ist geprägt durch einen basalen Affekt: Angst. Sei es die Angst vor dem unberechenbaren Virus mit seinen ständig neuen Mutationen, sei es die Angst vor Wirkung und Nebenwirkung der Vakzine – oder sei es die Angst vor der Unvernunft der Menschen, die die Situation nicht wahrhaben wollen. All diese Positionen werden von Angst getrieben; feldtheoretisch ausgedrückt, heißt das: Unbekannte Regionen des Lebensraumes verunsichern und können destabilisieren. Wer die (nachvollziehbaren, weil unter Druck und ohne solides Wissen getroffenen) Widersprüche und Ungereimtheiten der politischen Entscheider dann noch als Verschwörung interpretiert – für den geht es eher in eine Engführung statt in eine Neuorientierung.

Meine Team- und Gruppensupervisionen, aber auch die meisten Einzelsupervisionen fanden für ein gutes Jahr in Online-Form, per Videokonferenz statt. Die notorischen Aussagen bei den Reflexionsrunden am Ende einer Sitzung heißen sinngemäß: Dass wir uns als Kacheln gesehen und gehört haben, war besser, als sich gar nicht zu treffen. Aber das, was uns und unsere Zusammenarbeit eigentlich ausmacht, ließ sich nicht realisieren. – Damit ist gemeint, dass es nicht möglich ist, spontan Aufstellungen zu machen oder ein Psychodrama zu inszenieren, sich in den Pausen zu treffen, nachher ein Glas Wein miteinander zu trinken.

Aber: Wir werden auch weiterhin damit leben und unser Verständnis von »Face-to-Face« verändern und neu definieren müssen. Denn die Chance, dass die nächste Virusmutation oder eine neue Pandemie unser Geimpftsein wieder aushebelt und wir weiter auf Distanz arbeiten müssen, ist im Dezember 2021 Realität geworden, eine Rückkehr zur alten Normalität recht unwahrscheinlich. Viele der früher selbstverständlichen Reisen zu Supervisionsorten werden nicht mehr stattfinden – speziell, wenn in Zukunft auch bei uns Inlandsflüge entfallen. Aus ökologischer Sicht ist das ja zu begrüßen, obwohl die Server, die simultan Bild und Ton um die Welt jagen, auch nicht gerade wenig Strom fressen: Laut *Monde Diplomatique* (No. 811 vom Oktober 2021, S. 18) benötigt die digitale Industrie 10 % der weltweit produzierten elektrischen Energie, produziert 4 % des gesamten CO2 und hinterlässt damit einen dreimal so großen Fußabdruck wie ein ganzes Land, z. B. Frankreich. Diese Gesamtsituation hat Konsequenzen für supervisorisches Arbeiten. Wird es denn die großen Kleingruppen, um die es in diesem Buch gegangen ist, überhaupt noch geben?

Dafür gibt es reelle Chancen. So, wie die DGSv (Deutsche Gesellschaft für Supervision und Coaching), die DGGO (Deutsche Gesellschaft für Gruppendynamik und Organisationsdynamik und TOPS (s. u., Abschn. 6.2) auf die Herausforderungen reagiert haben, und bei der Kreativität, welche sie freigesetzt haben, bestehen gute Möglichkeiten, dass die hier beschriebenen Impulse für die Arbeit mit großen Kleingruppen wirksam bleiben können. Ich selbst habe es 2021 zwar nicht mit großen Gruppen und Teams zu tun gehabt (alle waren unter der Zehnergrenze), habe aber auch mit den kleineren Teams und Gruppen die Möglichkeiten erproben können, die über die Technik der Videokonferenzen zur Verfügung stehen.

Zu der Zeit, als das Manuskript fertig wurde, im Oktober 2021, gab es neben TOPS und der DGSv selbst mindestens drei Institute, die auf den Zug der Zeit aufgesprungen sind und Weiterbildungen in Online-Beratung und Online-Supervision anbieten.

6.2 Erste Online-Erfahrungen

Meine erste einschlägige Begegnung war die mit den Lehrsupervisoren und Lehrsupervisorinnen von TOPS in meiner ersten Videokonferenz mit etwa 50 Teilnehmenden. (TOPS steht für *T*raining, *O*rganisationsberatung, *P*ersonalentwicklung *S*upervision; TOPS München-Berlin e. V. ist ein Weiterbildungsinstitut, erreichbar unter: www.tops-ev.de [2.2.2022].) Bei dieser Konferenz deutete sich bereits an, was TOPS inzwischen, Ende April 2021, gestartet hat: einen Kurs in Online-Beratung. Einige Lernerfahrungen, die die Mitglieder gemacht haben, die auch und gerade große Kleingruppen betreffen, seien hier wiedergegeben.[3]

3 Nach Powerpoint-Unterlagen von Thomas Vogl: Online-Supervision: Erfahrungen und Hypothesen, vom 29.1.2021.

Vogl betont, es seien Beobachtungen und Einsichten seiner Kolleginnen und Kollegen aus einem knappen Jahr Online-Arbeit. Er beginnt damit, dass sich die spontane eigene Abwehrhaltung »Das geht gar nicht!« gegen einen Online-Workshop im Juni 2020 nicht bewahrheitet habe, sondern dass der Versuch ein Rundumerfolg war, bereichernd und für die Zukunft nutzbar.

Eine wichtige Beobachtung (die ich auch selber bei meinen Online-Supervisionen gemacht habe) war: »Man ist nicht ganz anwesend, sondern geteilt: im Workshop und zu Hause.« Zu einer Supervision anzureisen, sich darauf vorzubereiten, die alten Unterlagen im Zug anzuschauen – und auf dem Rückweg Notizen zu machen oder Protokoll zu schreiben, während des Prozesses ganz und gar dort zu sein, mit Hin- und Rückreise Zäsuren zu setzen: Das ist anders als wenige Minuten vor dem Termin den Bildschirm anzuschalten, sich einzuloggen und von den Beteiligten ein Brustbild zu sehen in ihrem realen häuslichen Ambiente (oder vor einem fiktiven Hintergrund). Was unterhalb läuft, entzieht sich: Sitzt da jemand in Pantoffeln und Jogginghose? Man kann jederzeit die Kommunikation unterbrechen, indem Kamera und Mikrofon ausgeschaltet werden, man sich einen Tee kocht – und jeder andere kann das auch. All das macht die von Vogl genannte »Geteiltheit« aus. Und die von ihm ebenfalls genannte Tendenz zur Unverbindlichkeit.

Zu dieser reduzierten Verbindlichkeit gesellen sich das technische Störpotenzial und eine mangelnde technische Vertrautheit mit Zoom & Co aufs Allerbeste: Selten dauert es weniger als eine Viertelstunde, bis alle wirklich arbeitsfähig sind. Oft geistert noch ein hilfreicher Ehemann im Hintergrund herum und erschwert das Einhalten der Verschwiegenheitsregel; bei schwachem Netz ist die Person kaum zu verstehen, fällt der Ton aus, das Bild verzerrt sich oder hinkt hinterher. Zum (Un-)Wort des Jahres 2020 sollte, einem Ondit zufolge, »Schalt mal dein Mikro an« gewählt werden …

Das sind lästige Übergangsphänomene – vermutlich werden sich im Laufe der Zeit alle an diese mittelbare und störanfällige Kommunikation gewöhnen und lernen, damit umzugehen. Auch damit, dass die primäre Grunderfahrung, so Vogl, eine der *Distanz* und nicht der *Nähe* ist. Diese soziale Grunddimension (Nähe/Distanz, vgl. Antons et al. 2001) ist stark tangiert; es wird darum gehen, auch in der Supervision mit weniger direkter Nähe auszukommen. Das gelingt manchen Menschen leichter, anderen nur sehr schwer.

Eine weitere Konsequenz, die auch mit kleineren Supervisionsgruppen und Teams zu lernen war: Der Supervisor muss deutlich stärker steuern, als wenn alle im Kreise sitzen. Durch die Flatland-Zweidimensionalität geht gegenüber dem Rund der Kreisform einiges an Interaktivität verloren. Man kann sich nicht in die Augen schauen, denn der Bildschirm, auf den man schaut, ist einige Winkelgrade unterhalb des Kameraobjektivs. Es entfallen auch die Mikrobewegungen, mit denen eine Gruppe oder ein Team fast unbewusst die Wortmeldungen steuert. Leise Interaktionen, Seitenblicke, dezente Kontaktaufnahmen sind nicht möglich. Man muss deutlich sagen, wen man anspricht. Es geht wie früher in der Schule: Will jemand etwas sagen, streckt er die Hand hoch oder gibt das entsprechende elektronische Signal, und der »Lehrer« erteilt das Wort. Der Supervisor ist eher »Wortzuteiler« oder Moderator als Supervisor – obwohl er keinen hervorgehobenen Platz hat und auch nur *eine* Kachel ist. Nicht nur die Selbststeuerungsfähgkeit einer Gruppe nimmt ab, sondern, darauf weist Vogl hin, auch Humor und Ironie gelingen nicht mehr so leicht. Für neue Gruppen sind die Bilder, die voneinander entstehen, recht reduziert: Es sind Brustbilder, was drunter ist – siehe oben.

Diese Reduktion der vollen und damit leichten, weil gewohnten Sozialwahrnehmung bedarf einer überkompensatorischen Gegensteuerung. Das Ergebnis dieser Belastung hat bereits einen Namen: Zoom-Fatigue ist in kurzer Zeit so etwas wie begrenztes Burn-out geworden. Vogl formuliert: »Die Intuition versucht, mit zusätzlicher Anstrengung fehlende Ausdruckswahrnehmung zu ergänzen.«

Es fehlt auch etwas, das für alle, besonders aber für große Gruppen, eminent wichtig ist: der informelle Raum der Kaffeepause, die Tür- und Angelgespräche, das Miteinander-essen-Gehen. Das werde laut Vogl als massiver Kontaktverlust erlebt und mache unauffällige Nachbearbeitung von Missverständnissen und Konflikten schwer bis unmöglich.

Soweit die Aspekte, die Supervision per Videokonferenz weniger zufriedenstellend machen bis stören. Was aber wäre im Hinblick darauf, dass die nächsten Mutanten um die Ecke schauen oder die nächste Pandemie als Preis für unsere Globalität ausbricht, zu entwickeln und zu kultivieren?

Als Erstes lässt sich sagen, dass in Videokonferenzen der Aufteilungsmodus ausgesprochen gut funktioniert. Sei es, dass man als Host den Zufallsgenerator walten lässt und Untergruppen in ihre Räume schickt, sei es, dass Untergruppen sich selbst finden und damit eine große Gruppe arbeitsteilig operiert. Die Arbeit in Untergruppen wird durchweg als angenehm erfahren – und da das elektronische System die Kleingruppen unerbittlich ins Plenum zurückholt, entfällt auch das, was in Abschnitt 5.4 beschrieben ist: dieses »Wir brauchen aber noch fünf Minuten.« Die meisten der in disem Abschnitt genannten Übungen lassen sich auch in Videokonferenzen durchführen, und das gelingt im Schnitt gut. Auch Rollenspiele und Fallarbeit sind möglich, allerdings mit deutlich weniger emotionaler Tönung. Das Risiko, dass Supervision wieder in Richtung Ratschlägeerteilen geht, besteht durchaus, denn, wie Vogl schreibt, »Resonanz braucht eben mehr Zeit«. Was eindeutig *nicht* geht: improvisieren, aus der Situation heraus Arbeitsstrukturen setzen, Prozesse sich entwickeln lassen. Dafür braucht es methodische Vorbereitung und sehr klare Ansagen.

Auch die Zeitdimension ist anders handzuhaben: Die Pausengestaltung sollte in kleineren Abständen als gewohnt kurze, maximal zehn Minuten dauernde Pausen beinhalten und lange Pausen zwischen Arbeitseinheiten.

6.3 Trotz Distanz Nahe herstellen

Was das Repräsentanzmodell betrifft, ist die Situation nicht ganz so leicht. Virtuelle Innen- und Außenkreise zu bilden ist schwierig, und wenn es an Aufstellungs- oder gar Psychodrama-Arbeit geht, wird die Situation noch schwieriger. Aber die Moreno-Institute sind intensiv dabei, für ihre Verfahren auch Online-Versionen zu entwickeln.

Meine ungarische Psychodrama-Kollegin Eszter Stréda, befragt, wie im Psychodrama – das ja eh mit großen Kleingruppen arbeitet – mit der veränderten Situation von Videokonferenzen umgegangen wird, berichtete mir, für Psychodramatikerinnen sei es besonders wichtig, das Geschehen im Hier und Jetzt zu verankern. Und das Hier und Jetzt bei Videokonferenzen sei eben für jedes Mitglied einer Selbsterfahrungs- oder Supervisionsgruppe die Tatsache des Zu-Hause-am-Computer-Sitzens. Aufwärmübungen beinhalten deshalb, dass man mitteilt und zeigt, »Wo sitze ich gerade«, mit dem Laptop durchs Zimmer geht, das eigene Ambiente, den eigenen Schreibtisch beschreibt und vielleicht sogar das Chaos auf ihm den anderen zeigt. Wichtig sei auch, nicht nur den Oberkörper ins Bild zu nehmen, sondern sich von der Kamera wegzubewegen, sich ganz zu zeigen, eine symbolische Bewegung vor der Kamera zu machen. Es sei auch befreiend, sagt sie, sich auf den Boden legen zu dürfen, für die anderen nicht sichtbar, aber noch hörbar zu sein. Aufwärmübungen beinhalten, dass alle gleichzeitig aufstehen und dieselbe Bewegungsübung machen, sich bewegen und auf Aufforderung erstarren oder den Schlusssatz eines Protagonisten mit allen laut und gleichzeitig wiederholen.

Viele Monodrama-Techniken können auch in Videokonferenzen verwendet werden: mit Spielzeugen, Gegenständen vom Schreibtisch etc., die dann als Symbole für das stehen, was gerade das Thema ist. Zum Hier und Jetzt des Psychodramas gehört auch, das zu thematisieren, was hier und jetzt ist: die Pandemie, mit allen Ängsten, der Wut auf Ausgehbeschränkungen, Home Office, geschlossenen Schulen etc. und dem »Ich kann ja nichts machen, ich habe keine Macht«.

Auch werden im Psychodrama die Online-Tools verwendet; vor allem: den persönlichen Austausch in Kleingruppenräume zu verlagern, Trios Supervisionsthemen bearbeiten zu lassen und sie zu beauftragen, als Ergebnis eine Skulptur oder Szene zurückzuspielen, aus der deutlich wird, dass das Ergebnis aus einer Unter*gruppe* kommt, also eine optische Einheit aus drei Kacheln herzustellen.

Sehr anspruchsvoll sei es, so Eszter Stréda, über die Kacheln den Wechsel der Realitätsebenen kenntlich zu machen. Rollenwechsel müssten überdeutlich gemacht und die Räume sehr klar begrenzt werden. Gute Hilfen seien da, zwei Stühle ins Bildfeld zu setzen, Hüte oder farbige Schals, die man sich jeweils aufsetzt bzw. um den Hals windet, wenn man aus der Realitätsebene in die Virtual Realitiy und zurückgehe oder wenn Rollen getauscht werden. Der Gruppenraum muss gegenüber der Bühne auch überprägnant abgegrenzt werden. Beim Protagonistenspiel sollte das »Wer bin ich, und wo bin ich?« durch Stühle und Tücher im Raum, Selbst- und Objektrepräsentanz, also das Hier und Jetzt im Gegensatz zum Da und Dort, dargestellt werden.

Wichtig sei dabei, meint Eszter Stréda, dass man sich davon befreie, immer nur auf den Bildschirm zu starren. Der Blick nach innen, der Kontakt mit sich selber sei wichtig, um Lust auf den Kontakt mit anderen zu bekommen.

Die größten Schwierigkeiten, psychodramatisch über Bildschirm zu arbeiten, liegen in der Arbeit mit Primärprozessen: »Wie gehen wir online in die Regression«? Auch ist es als Leiterin kaum möglich, einen Protagonisten aus der Ferne, ohne Körperkontakt, in kritischen Situationen zu *halten*. Hier zeigen sich deutlich die Grenzen der Online-Arbeit.

Eine supervisorische Arbeit mit mehr als 18 Kacheln sei kaum möglich – über dieser Größe wächst das Gefühl, nicht mehr wichtig zu sein; keiner merkt, wenn ich nicht mehr da bin; je mehr Kacheln da sind, desto weniger fühle ich mich einbezogen, zugehörig, von anderen gesehen. – Mit dieser Aussage endet das Buch dort, womit es einmal in Kapitel 1 losging: Große Gruppen geben leicht das Gefühl von eigener Bedeutungslosigkeit, von Unsicherheit, Desorientierung und mangelnder sozialer Resonanz. Aber es gibt Möglichkeiten der Gegensteuerung.

Verzeichnis der Abbildungen und Tabellen

Die meisten der eigenen Fotos sind nicht aus direkten Supervisionsprozessen, sondern aus gruppendynamischen Trainings und anderen Weiterbildungsveranstaltungen. Alle erkennbaren Personen haben ihre Einwilligung zur Veröffentlichung gegeben; bei wenigen anderen wurden die Gesichter unkenntlich gemacht.

Verzeichnis der Tabellen

Verzeichnis der Übungen

Literatur

Aeppli, A. (2018): Im Spannungsfeld zwischen autoritärer und demokratischer Führung. Das Dilemma von Führungskräften. In: F. Stähler u. M. Stützle-Hebel (Hrsg.): Demokratie machen. Gruppendynamische Impulse. Heidelberg (Carl-Auer), S. 129–136.

Aguado, M. (2019): Krisenbewältigung und Professionalität von Supervisoren. Eine empirische Untersuchung anhand narrativ-biografischer Interviews. Institut für Psychologie, Universität Kassl Kassel (Masterarbeit). Verfügbar unter: 10.17170/kobra-202011232235 [20.3.2022].

Amann, A. (2004): »Ja, es ist Trainingsgruppe« – Sequenzanalyse des Beginns einer Trainingsgruppe der Gruppe »Alf«. In: K. Antons, A. Amann, G. Clausen, O. König u. K. Schattenhofer (Hrsg): Gruppenprozesse verstehen. Wiesbaden (VS – Verlag für Sozialwissenschaften), 2. Aufl., S. 51–112.

Ameln, F. von u. J. Kramer (2014): Psychodrama – Grundlagen. Heidelberg (Springer).

Antons, K. (2004): Teamfähigkeit: Die Gruppe als Lernort und als Lernmethode. In: C. O. Velmerig, K. Schattenhofer u. C. Schrapper (Hrsg.): Teamarbeit. Konzepte und Erfahrungen – eine gruppendynamische Zwischenbilanz. Weinheim (Juventa), S. 59–73.

Antons, K. (2006): Das dicke Ende – wenn Abschlüsse von Gruppen »misslingen«. *Gruppendynamik und Organisationsberatung* 37 (4): 375–391.

Antons, K. (2015): Die dunkle Seite von Gruppen. In: C. Edding u. K. Schattenhofer (Hrsg.): Handbuch Alles über Gruppen. Weinheim (Beltz), S. 322–357.

Antons, K. (2017): Ist Macht pfui? *Weiterbildung* 6: 2–5.

Antons, K. u. V. Hunziker (2003): Gruppenteilung und Zugehörigkeit. *Gruppenpsychotherapie und Gruppendynamik* 39 (3): 220–238.

Antons, K. u. M. Stützle-Hebel (Hrsg.) (2015): Feldkräfte im Hier und Jetzt – Antworten von Lewins Feldtheorie auf aktuelle Fragestellungen in Führung, Beratung und Therapie. Heidelberg (Carl-Auer).

Antons, K., H. Ehrensperger u. R. Milesi (2019): Praxis der Gruppendynamik. Übungen und Modelle. Göttingen (Hogrefe), 10. Aufl.

Antons, K., A. Amann, G. Clausen, O. König u. K. Schattenhofer (2001): Gruppenprozesse verstehen. Opladen (Leske und Budrich). 2. Aufl. 2004: Wiesbaden (VS – Verlag für Sozialwissenschaften).

Balint, M. (1957): Der Arzt, sein Patient und die Krankheit. Stuttgart (Klett).

Ballreich, R. u. F. Glasl (2007): Mediation in Bewegung. Stuttgart (Concadora).

Ballreich, R. u. F. Glasl (2011): Konfliktmanagement und Mediation in Organisationen. Stuttgart (Concadora).

Bartussek, W. (1998): Pantomime und darstellendes Spiel. Körperausdruck – Selbsterfahrung – Persönlichkeitsbildung. Mainz (Matthias Grünewald).

Baumfeld, L. u. P. Plicka (2005): Großgruppeninterventionen. Das Praxisbuch. (PDF der ÖAR-Regionalberatung, Wien.)

Belardi, N. (2005): Supervision. Grundlagen, Techniken, Perspektiven. München (C. H. Beck), 4. Aufl. 2013.

Belardi, N. (2021): Teamsupervision. Verfügbar unter: https://www.socialnet.de/lexikon/Teamsupervision [2.2.2022].

Bion, W. R. (1971): Erfahrungen in Gruppen und andere Schriften. Stuttgart (Klett-Cotta) (engl. Orig. 1961).

Brown J. u. D. Isaacs (2007): Das World Café. Kreative Zukunftsgestaltung in Organisation und Gesellschaft. Heidelberg (Carl-Auer).

Bruck, W. u. R. Müller (2007): Wirkungsvolle Tagungen und Großgruppen: Ziele, Wirkfaktoren und Designs. Offenbach (GABAL).

Brühwiler, H. (1994): Methoden der ganzheitlichen Jugend- und Erwachsenenbildung [eBook]. Heidelberg (Springer Gabler).

Cohn, R. C. (2008): Große Gruppen – kleine Gruppen – kleine Schritte – große Schritte. Zur Demonstration der themenzentrierten interaktionellen Methode in Lindau 1971. *Themenzentrierte Interaktion* 22 (2): 65–79.

Cohn, R. C. (2016): Von der Psychoanalyse zur themenzentrierten Interaktion. Stuttgart (Klett-Cotta).

Cohn, R. C. u. I. Klein (1993): Großgruppen gestalten mit Themenzentrierter Interaktion. Mainz (Matthias Grünewald).

Cooperrider, D., J. Sorensen, D. Whitney a. T. F. Yaeger (eds.) (2000): Appreciative inquiry rethinking organization toward a positive theory of change. Champaign, IL (Stipes).

Crosby, G. (2021): Planned change. Why Kurt Lewin's social science is still best practice for business results, change management, and human progress. Boca Raton (Routledge).

Dinger, W. (2012) (Hrsg.): Gruppenanalytisch denken – supervisorisch handeln. Kassel (university press).

Dittrich-Brauner, K., E. Dittmann, V. List u. C. Windisch (2008): Großgruppenverfahren: Lebendig lernen – Veränderung gestalten. Heidelberg (Springer).

Doppler, K. u. C. Lauterburg (2014): Change Management. Den Unternehmenswandel gestalten. Frankfurt a. M. (Campus), 13. Aufl.

Dürrschmidt, P., S. Brenner, J. Koblitz et al. (2020): Methodensammlung für Trainerinnen und Trainer. Bonn (managerSeminare).

Ebecke-Nohlen, A. (2013): Einführung in die systemische Supervision. Heidelberg (Carl-Auer), 6. Aufl. 2022.

Edding, C. u. K. Schattenhofer (2015a): Einführung in die Teamarbeit. Heidelberg (Carl-Auer), 3. Aufl. 2020.

Edding, C. u. K. Schattenhofer (2015b): Handbuch Alles über Gruppen. Theorie, Anwendung, Praxis. Weinheim (Beltz).

Engelmann, M. (2004): Identifizierende und regressive Prozesse in Großgruppen. (Hausarbeit Universität Hannover.) München (GRIN).

Fatzer, G. u. C. D. Eck (Hrsg.) (1990): Supervision und Beratung. Köln (Edition humanistische Psychologie).

Foulkes, S. H. (1964): Therapeutic group analysis. London (George Allen and Unwin).

Foerster, H. von u. B. Pörksen (1988): Wahrheit ist die Erfindung eines Lügners. Gespräche für Skeptiker. Heidelberg (Carl-Auer), 12. Aufl. 2019.

Freud, S. (1921): Massenpsychologie und Ich-Analyse. GW Bd. XIII. Hier: 2021, Hamburg (Nikol).

Gfäller, G. R.: (2004): Gruppenanalyse, Gruppendynamik, Psychodrama. Heidelberg (Mattes).

Grawe, B. u. M. Aguado (2021): Professionalisierter supervisorischer Habitus. Professionstheoretische und curriculare Überlegungen. Köln (DGSv).

Gruppentherapie und Gruppendynamik (2003): Themenheft »Großgruppe«, 39 (1).

Hahn, K. (Hrsg.) (1998): Themenzentrierte Gruppensupervision. Mainz (Grünewald).

Hinnen, H. u. P. Krummenacher (2012): Großgruppen-Interventionen. Wien (Schäffer-Poeschel).

Hofstätter, P. R. (1957): Gruppendynamik. Die Kritik der Massenpsychologie. Hamburg (Rowohlt).

Holman, P. u. T. Devane (Hrsg.) (2002 u. 2006; engl. 1999): Change Handbook. Zukunftsorientierte Großgruppen-Methoden. Heidelberg (Carl-Auer), 1. u. 2. Aufl.

Island, T. K. (2003): The large group and leadership challenges in a group analytic training community. In: S. Schneider a. H. Weinberg (eds.): The large group re-visited. London/Philadelphia (Jessica Kingsley), pp. 201-213.

Jacobs, R. W. (1994): Real time strategic change. San Francisco (Berrett-Koehler).

Jarrar, L. K. (2003): A consultant's journey into the large group unconscious: Principles and techniques. In: S. Schneider a. H. Weinberg (eds.): The large group re-visited. London/Philadelphia (Jessica Kingsley), pp. 29–34.

Jones, M. (1953): The therapeutic community. New York (Basic Books).

Jung, C. G. (1976): Über die Archetypen des kollektiven Unbewussten. In: C. G. Jung: Gesammelte Werke, Bd. 9/1, § 44, S. 11–51. Olten/Freiburg i. Br. (Walter).

Jungk, R. u. N. R. Müllert (1981): Zukunftswerkstätten. Mit Fantasie gegen Routine und Resignation. München (Wilhelm Heine).

Kaldenkerken, C. von (2014): Wissen, was wirkt. Modelle und Praxis pragmatisch- systemischer Supervision. Hamburg (Tredition).

Kernberg, O. (2003): Socially sanctioned violence: The large group as society. In: S. Schneider a. H. Weinberg (eds.): The large group re-visited. London/Philadelphia (Jessica Kingsley), pp. 125–149.

Klein, Z. M. (2013): Kreative Seminarmethoden. 100 kreative Methoden für erfolgreiche Seminare. Offenbach (Gabal).

König, O. (1996): Macht in Gruppen. Gruppendynamische Prozesse und Interventionen. München (Pfeiffer).

König, O. u. K. Schattenhofer (2006): Einführung in die Gruppendynamik. Heidelberg (Carl-Auer).

König, O. u. K. Schattenhofer (2017): Einführung in die Fallbesprechung und Fallsupervision. Heidelberg (Carl-Auer), 3. Aufl. 2021.

Königswieser, R. u. M. Keil (Hrsg.) (2008): Das Feuer großer Gruppen. Konzepte, Designs, Praxisbeispiele für Großveranstaltungen. Wien (Schäffer-Poeschel), 2. Aufl.

Kramer, P. (2017): Vom Umgang mit der modernen Tretmühle. Ev. Fachhochschule Freiburg (unveröffentl. Masterarbeit).

Kreeger, L. (ed.) (1975): The large group – Dynamics and therapy. London (Routledge). [Dt. (1977): Die Großgruppe: Dynamik und Therapie. Stuttgart (Klett).]

Krenz, A. (Hrsg.) (2007): Psychologie für Erzieherinnen und Erzieher. Berlin (Cornelsen-Scriptor).

Kriz, J. (2015): Kurt Lewin – ein früher Systemiker. In: K. Antons u. M. Stützle-Hebel (Hrsg.): Feldkräfte im Hier und Jetzt. Antworten von Lewins Feldtheorie auf aktuelle Fragestellungen in Führung, Beratung und Therapie. Heidelberg (Carl-Auer), S. 285–313.

Krogerus, N. u. M. Tschäppler (2021): Wie groß darf ein Team sein? *Tagesanzeiger Magazin* 19.

Krummenacher, P., P. Neff, I. Schjold u. B. von Wurstemberger (2019): Praxis der Großgruppenarbeit: Prozesse partizipativ gestalten. Wien (Schäffer-Poeschel).

Lacan, J. (1977): Trieb und Begehren. Berlin (Parodos).

Le Bon, G. (1895): Psychologie des foules. Paris (Ancienne librairie Germer Baillière). [Dt. u. a. (1961): Psychologie der Massen. Stuttgart (Kröner).]

Lewin, K. (1939): Feldtheorie und Experiment in der Sozialpsychologie. In: Lewin, K. (2012): Feldtheorie in den Sozialwissenschaften. Ausgewählte theoretische Schriften. (Faksimileausgabe der deutschen Erstausgabe von 1963.) Bern (Hans Huber und Hogrefe), S. 168–191.

Lewin, K. (1946): Tat-Forschung und Minderheitenprobleme. In: K. Lewin (1953, 1963, 1968): Die Lösung sozialer Konflikte. Ausgewählte Abhandlungen über Gruppendynamik. (Hrsg. v. G. Weiß Lewin.) Bad Nauheim (Christian).

Lewin, K. (1953, 1963, 1968): Die Lösung sozialer Konflikte. (Hrsg. v. G. Weiß Lewin.) Bad Nauheim (Christian).

Lewin, K. (1963, 2012): Feldtheorie in den Sozialwissenschaften. Ausgewählte theoretische Schriften. Bern (Huber).

Leutz, G. (1974): Psychodrama. Berlin (Springer).

Lippmann, E. (2004): Intervision. Heidelberg (Springer).

Lück, H. E. (2009): Kurt Lewin – eine Einführung in sein Werk. Weinheim (Beltz).

Lück, H. E. (2015): Kurt Lewin – der unbekannte Bekannte. In: K. Antons u. M. Stützle-Hebel (Hrsg.): Feldkräfte im Hier und Jetzt. Antworten von Lewins Feldtheorie auf aktuelle Fragestellungen in Führung, Beratung und Therapie. Heidelberg (Carl-Auer), S. 27–46.

Lück, H. E., K. Antons u. M. Stützle-Hebel (2015): Glossar feldtheoretischer Begriffe. In: K. Antons u. M. Stützle-Hebel (Hrsg.): Feldkräfte im Hier und Jetzt. Antworten von Lewins Feldtheorie auf aktuelle Fragestellungen in Führung, Beratung und Therapie. Heidelberg (Carl-Auer), S. 333–342.

Main, T. F. (1946): The hospital as a therapeutic institution. *Bulletin of the Menninger Clinic* 10: 66–70.

Main, T. F. (1977): Zur Psychodynamik großer Gruppen. In: L. Kreeger (Hrsg.): Die Großgruppe. Stuttgart (Klett).

Maré, P. de (1972): Perspectives in group psychotherapy. London (George Allen and Unwin).

Milesi, R. (2006): Interventionen in Kursgruppen. Ein Leitfaden für Ausbilderinnen und Ausbilder. Zürich (Migros Genossenschafts-Bund, Koordinationsstelle der Klubschulen), 7. Aufl. 2018.

Miller, S., E. W. Nunnally a. D. B. Wackman (1972): Couples handbook. Minneapolis, MN (Minnesota Couples Communication Program).

Möller, E. u. S. Träubmann (Hrsg.) (2011): Aspekte der psychodynamischen Supervision. Kassel (kassel university press).

Moreno, J. L. (1954): Die Grundlagen der Soziometrie. Wege zu einer Neuordnung der Gesellschaft. Köln/Opladen (Westdeutscher Verlag).

Neumann-Wirsig, H. (Hrsg.) (2015): Supervisions-Tools. Bonn (managerSeminare), 5. Aufl.

Neunteufl, S. (2008): Großgruppeninterventionen – Ein Vergleich von Großgruppen mit Gruppen konventioneller Größe und Beschreibung der Wirkung von Interventionen in Großgruppen im Organisationskontext. Saarbrücken (VDM).

Neues Testament (1996): Lutherbibel für Dich. Stuttgart (Deutsche Bibelgesellschaft).

Owen, H. (2001): Open Space Technology. Stuttgart (Klett-Cotta).

Pühl, H. (2012): Handbuch der Supervision 3. Berlin (Ulrich Leutner), 2. Aufl. 2015.

Rachow, A. (2002): Spielbar II. 61 Trainer präsentieren 87 neue Top-Spiele aus ihrer Seminarpraxis. Bonn (managerSeminare).

Rachow, A. J. u. Sauer (Hrsg.) (2012): Spielbar Swiss Edition. 49 Schweizer Trainer präsentieren 62 Top-Spiele aus ihrer Seminarpraxis. Bonn (managerSeminare).

Raguse, H. (1998): TZI und Gruppensupervision. In: K. Hahn (Hrsg.): Themenzentrierte Gruppensupervision. Mainz (Grünewald), S. 129–152.

Rappe-Giesecke, C. (1990): Theorie und Praxis der Gruppen- und Teamsupervision. Berlin (Springer).

Rechtien, W. (1992): Angewandte Gruppendynamik: Ein Lehrbuch für Studierende und Praktiker. München (Quintessenz).

Reddy, W. B. (1994): Prozessberatung von Kleingruppen. Wie der Berater erfolgreich interveniert. Wien (Springer und Gabler).

Reiser, H. (2009): Handbuch themenzentrierte Interaktion (TZI). Göttingen (Vandenhoeck & Ruprecht).

Reichle, F. (2005): Monte Grande. Francisco Varela [Film]. Köln (mindjazz pictures).

Ricciardi-von Platen, A. (1996): Thoughts on the setting of the large analytic group. *Group Analysis* 29: 485–489.

Roth, W. M., J. Shaked u. H. Felsberger (2010): Die analytische Großgruppe. Wien (Facultas Universitätsverlag).

Saam, N. (2015): Partizipation in Großgruppen. Bd. 2. Wien (LIT).

Saam, N. u. W. C. Kriz (2010): Partizipation in Großgruppen. Bd. 1. Wien (LIT).

Sandner, D. (1978): Psychodynamik in Kleingruppen. Theorie des affektiven Geschehens in Selbsterfahrungs- und Therapiegruppen. München/Basel (Reinhardt).

Schattenhofer, K. (1992): Selbstorganisation und Gruppe. Entwicklungs- und Steuerungsprozesse in Gruppen. Opladen (Westdeutscher Verlag).

Schattenhofer, K. (2015): Was ist eine Gruppe? Verschiedene Sichtweisen und Unterscheidungen. In: C. Edding u. K. Schattenhofer (Hrsg.): Handbuch Alles über Gruppen. Weinheim (Beltz), S. 16–46.

Schattenhofer, K. u. W. Weigand (Hrsg.) (1998): Die Dynamik der Selbststeuerung. Beiträge zur angewandten Gruppendynamik. Wiesbaden (Westdeutscher Verlag).

Schindler, R. (2016): Das lebendige Gefüge der Gruppe. Hrsg. v. C. Spaller, K. Wirnschimmel, A. Tippe, J. Lamatsch, U. Margreiter, I. Krafft-Ebing u. M. Ertl. Gießen (Psychosozial).

Schjold, I. (2009: The Big Five – Die bekanntesten Großgruppenmethoden in der Praxis. *profile* 17: 39–46.

Schneider, S. a. H. Weinberg (eds.) (2003): The large group re-visited. London/Philadelphia (Jessica Kingsley).

Seliger, R. (2008): Einführung in Großgruppen-Methoden. Heidelberg (Carl-Auer), 4. Aufl. 2020.

Shaked, J. (1998): Die Großgruppe. (Vortrag beim Kongress der Individualpsychologen in Wien am 17. 3. 1998), S. 150–161. Verfügbar unter: http://gruppenanalyse.info/artikel/artshak.htm [10.3.2022].

Stadler, C. u. S. Kern (2010): Psychodrama. Eine Einführung. Wiesbaden (VS – Verlag für Sozialwissenschaften). DOI: http://doi.org/10.1007/978-3-531-92550-9.

Stähler, F. u. M. Stützle-Hebel (Hrsg.) (2018): Demokratie machen. Gruppendynamische Impulse. Heidelberg (Carl-Auer).

Stemmer-Lück, M. (2014): »Unbewusstes versteht Unbewusstes« (Freud). Resonanzräume in psychoanalytischen Konzepten. *FIS Newsletter* Nr. 5.

Stierlin, H. (2010): Sinnsuche im Wandel. Herausforderungen für die Psychotherapie. Eine persönliche Bilanz. Heidelberg (Carl-Auer).

Stützle-Hebel, M. u. K. Antons (2017): Einführung in die Praxis der Feldtheorie. Heidelberg (Carl-Auer).

Thomann, G. (2003): Ausbildung der Ausbildenden. Bern (hep).

Triest, J. (2003): The large group and the organization. In: S. Schneider a. H. Weinberg (eds.): The large group re-visited. London/Philadelphia (Jessica Kingsley), pp. 162–174.

Turquet, P. (1977): Bedrohung der Identität in der großen Gruppe. In: L. Kreeger (Hrsg): Die Großgruppe. Stuttgart (Klett), S. 81–139.

Tuckman, W. (1965): Developmental sequence in small groups. *Psychological Bulletin* 63 (6): 384–399.

Wahren, H.-K. E. (1994): Gruppen- und Teamarbeit im Unternehmen. Berlin/New York (de Gruyter).

Weidenmann, B. (2014): Update für Trainer. In 14 Lektionen zur didaktischen Meisterschaft. Bonn (managerSeminare).

Weisbord, M. (1996): Zukunftskonferenzen 1: Methode und Dynamik. *Organisationsentwicklung* 15 (1): 4–13.

Werro, E. (2018): Gruppendynamische Aspekte agiler Frameworks. Wiesbaden (Springer).

West-Leuer, B. (2011): Von der Angst, Supervisorin zu sein. In: E. Möller u. S. Träubmann (Hrsg.): Aspekte der psychodynamischen Supervision. Kassel (kassel university press).

Wilke, G. (2003): Chaos and order in the large group. In: S. Schneider a. H. Weinberg (eds.): The large group re-visited. London/Philadelphia (Jessica Kingsley), pp. 86–97.

Yalom, I. D. (1996): Theorie und Praxis der Gruppenpsychotherapie. Stuttgart (Klett-Cotta), 14. Aufl. 2021 [engl. zuerst 1970].

Zuidar, G. (2020): Großgruppeninterventionen als innovative Settings für organisationales Lernen. Wirkungen und Nebenwirkungen. Heidelberg (Carl-Auer).

Über die beitragenden Autorinnen

Almut Aeppli, Diplom-Sozialpädagogin/Sozialarbeiterin, Supervisorin und ausbildungsberechtigte Trainerin für Gruppendynamik (DGGO); freiberufliche Supervisorin, Coachin und Trainerin, Arbeitsschwerpunkte: Leitungs-, Ausbildungs-, Lehr-, Teamsupervision, Führungscoachings und Trainings.

Kontakt: www.praxis-supervision.ch

Patricia Kramer, Diplom-Sozialarbeiterin/Sozialpädagogin (FH), Systemische Supervisorin (MA); Sozialarbeiterin im Gesundheitswesen. Arbeitsschwerpunkte: Einzelcoachings, Team- und Gruppensupervision.

Kontakt: patricia.kramer@gmx.de

Sabine Kvapil, Diplom-Pädagogin mit TZI-Ausbildung, Leiterin in der evangelischen Erwachsenenarbeit und einer Kita; Arbeitsschwerpunkte: Arbeit mit Großgruppen, Begleitung eines großen Teams und konzeptioneller Entwicklungsprozesse; Intervision im Leitungskollegium, Seminare in der Erwachsenenarbeit.

Dagmar Lampart, Kinderkrankenschwester und Krankenschwester, Kunst- und Gestaltungstherapeutin (DAGTP), Tanztherapeutin (DGT) und MBSR-Lehrerin (nach Jon Kabat-Zinn). Seit März 2021 im Ruhestand.

Margot Ruprecht, Berufsschullehrerin, Lehrtrainerin für Transaktionsanalyse und tiefenpsychologische Beraterin; Arbeitsschwerpunkte: gruppendynamisch orientierte Weiterbildung in Transaktionsanalyse.

Kontakt: www.ta-ausbildung.ch

Über den Autor

Klaus Antons, Dr. phil. habil., Dipl.-Psych., freiberuflicher Trainer für Gruppendynamik (DGGO); Arbeitsschwerpunkte: Supervision (DGSv), Coaching, Persönlichkeitsentwicklung, Organisations- und Konfliktberatung sowie Psychotherapie. Veröffentlichungen u. a.: *Feldkräfte im Hier und Jetzt* (2015), *Einführung in die Praxis der Feldtheorie* (2017), beide zusammen mit Monika Stützle-Hebel.

Kontakt: www.klausantons.de

Ariane Bentner | Jan P. Jung

Resilient durch Krisen

Wie Führungskräfte und Teams
schwierige Zeiten bewältigen

Mit einem Geleitwort
von Stephan Köhnlein

199 Seiten, 35 Farbabb., Kt, 2022
ISBN 978-3-8497-0445-2

Dieses Buch

- führt Resilienzkonzepte mit Krisen und Konflikttheorien zusammen
- verbindet systemisch-lösungsfokussierte und agile Methoden
- vermittelt praktische Tools anhand von Fallstudien.

Krisen gibt es zu allen Zeiten, und sie treffen einzelne ebenso wie Gruppen und Teams. Für ihre Bewältigung ist es entscheidend, die eigene Resilienz zu entdecken, wahrzunehmen und nach Möglichkeit zu stärken. Ariane Bentner und Jan P. Jung führen zu diesem Zweck das Resilienzkonzept mit weiteren vielversprechenden interdisziplinären Ansätzen zusammen, darunter Krisenkonzepte, systemische Konflikttheorie und agile Ansätze. Auf dieser theoretischen Basis zeigen Fallbeispiele aus der Beratungspraxis, wie systemische Methoden einen lösungsfokussierten Umgang mit Krisen ermöglichen. Beratende, Coachs, Führungskräfte und Teams, die Krisen durchleben und begleiten müssen, finden hier einen leichtgewichtigen Einstieg in das Thema individuelle und organisationale Resilienz und einen verlässlichen Kompass durch die „VUKA-Welt". Die farbenfrohen Illustrationen von Jan P. Jung tragen dazu nicht unwesentlich bei und machen das Lesen auch zu einem optischen Genuss.

Carl-Auer Verlag • www.carl-auer.de